国家自然科学青年基金项目（51404273）资助

Gaosu Tielu Yanrong Dizhi Suidao
Zaihai Jili yu Yuce Zhengzhi Guanjian Jishu

高速铁路岩溶地质隧道灾害机理与预测整治关键技术

高军 ◎ 著

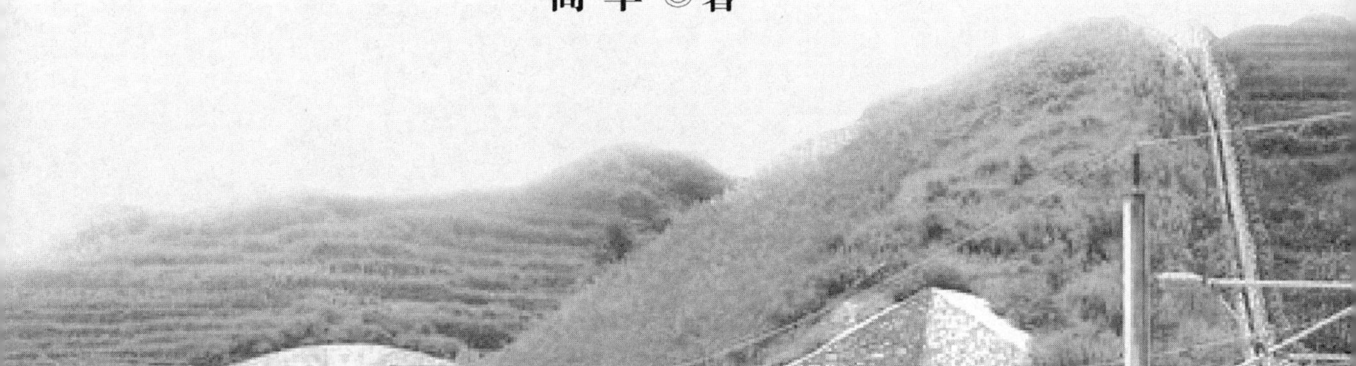

图书在版编目(CIP)数据

高速铁路岩溶地质隧道灾害机理与预测整治关键技术/高军著.—武汉:中国地质大学出版社,2016.11

ISBN 978-7-5625-3949-0

Ⅰ.①高…

Ⅱ.①高…

Ⅲ.①高速铁路-岩溶-铁路隧道-地质灾害-灾害防治

Ⅳ.①U459.1

中国版本图书馆 CIP 数据核字(2016)第 284187 号

高速铁路岩溶地质隧道灾害机理与预测整治关键技术		高 军 著
责任编辑:段连秀	策划编辑:张 华	责任校对:张咏梅
出版发行:中国地质大学出版社(武汉市洪山区鲁磨路388号)		邮政编码:430074
电　　话:(027)67883511	传真:67883580	E-mail:cbb@cug.edu.cn
经　　销:全国新华书店		http://www.cugp.cug.edu.cn
开本:787毫米×1 092毫米 1/16		字数:180千字　印张:7　彩插:2
版次:2016年11月第1版		印次:2016年11月第1次印刷
印刷:武汉教文印刷厂		印数:1—800册
ISBN 978-7-5625-3949-0		定价:36.00元

如有印装质量问题请与印刷厂联系调换

序

高速铁路运输因运量大、快速、舒适、节能、环保等特点在我国旅客运输中的地位日益攀升，成为旅客运输的生命线，高速铁路安全优质的建设和运营，成为保障人民财产、生命安全的有力保障。

根据国务院批准的《中长期铁路网规划》及各地区对于高速铁路的迫切需求，高速铁路建设在全国范围内大规模展开，高速客运网将覆盖我国大部分地区。我国岩溶地区分布广泛，可溶岩层分布面积约占国土总面积的1/3，岩溶形态多样化，岩溶类型复杂多变，对高速铁路网的全面建设增加了巨大的难度及安全压力。高速铁路岩溶地区水文工程地质条件极其复杂，地下常伴有溶洞、暗河、岩溶管道、落水洞等岩溶形态，岩溶渗漏问题防不胜防，不易处理，给工程建设造成巨大困扰，极易造成安全质量事故和投资的增加，严重制约着高速铁路建设的发展。

京广高铁湖北、湖南、广东段沿线途经地域广，各种复杂的地质情况都极为常见，沿途多岩溶区段。为规避风险，预防安全事故，本书在总结京广高铁建设技术的基础上，结合国内其他高铁线的建设情况，建立了高铁隧道力学模型，利用有限元进行分析，得出了岩溶隧道有关力学参数，建立了完整的岩溶隧道综合超前地质预报标准模式和管理体系，将施工地质超前预报纳入工序管理，为快速有序、安全处理岩溶地段提供了可靠依据；针对不同岩溶溶腔、岩溶水、暗河，建立了较为系统的新型和模式化处理技术。创新高压富水充填溶腔、断层破碎带的隧道施工新工艺，对于在高铁建设过程中解决岩溶带来的隐患非常具有针对性和迫切性。

作者是国内首批从事高速铁路建设的管理人员，从国内首条350km/h的一次性开通运行的最长高铁——京广高铁开始，亲身经历了我国高速铁路从无到有再到蓬勃发展的历程。作者在高铁建设中不断摸索、钻研先进的技术，直接参与制定了许多重难点工程的技术方案,作为管理人员带头攻克了许多高铁领域的技术难题,是高铁建设和岩溶隧道方面的技术专家。

  本书针对高速铁路岩溶隧道建设中一系列疑难问题,总结出一套行之有效的解决方法,在中国高铁大规模建设开展之际,特别是复杂岩溶地质郑万高铁湖北、重庆段建设开工在即,具有非常重大的借鉴意义,总结的技术可以在铁路、公路、市政、水利水电等工程建设领域推广。

  谨为之序。

中国科学院院士:

2016 年 10 月 31 日

前　言

　　新中国成立之前，对于岩溶的研究几近空白。20世纪70年代末，在工程建设中对于岩溶地层仍抱以尽量回避的态度。随着改革开放社会经济建设的迅猛发展，尤其是近20年高速铁路、高速公路的路网建设，岩溶地区的常规勘测技术和理论研究已日臻成熟，新的勘测手段不断发展，探测深度和精度有了质的提高。

　　在高速铁路勘察设计中，通过对地质构造的勘测，隧道选线尽量避开极其复杂的岩溶区，但为保证高速运行及舒适性、平顺性，有时一些极其复杂的岩溶区，避无可避，就需要在施工过程中通过综合的超前地质预报方法和新型数字化、信息化手段，对隧道前方岩溶机理进行分析，起到很好的判识和预测作用，在一定程度上有效地规避事故灾害。

　　在武广、京广等高铁线路上，有很多极其复杂的岩溶隧道典型施工案例，如大瑶山隧道群、海棠隧道、木兰隧道、牛岭隧道、高岭隧道等，穿越的都是地质情况极为复杂的岩溶区段。以大瑶山隧道群为例，大瑶山区瑶山山脉呈东西向延伸，线路方案无法绕避，受湖洞断裂切割影响，粤北梳状断裂构造作用强烈，岩溶强烈发育。施工中对于地质机理的认知，到施工方案的选择、施工工艺的控制，对于工程建设及运营影响极为重要。运营过程中高速列车运行动荷载产生的扰动、隧道气动效应的影响，对于运营维护都有非常大的影响。

　　如何对岩溶机理进行深入研究分析，以达到预测灾害事故的目的？如何选用最优化的施工工法工艺，以起到质量控制的作用？如何在建设过程中通过合理的方法，对岩溶水害引起的缺陷进行整治，以确保工程安全？本书结合武广、石武高铁等国内比较成熟的高铁线路建设、运营、维护实际情况，结合国内外对于岩溶隧道研究的宝贵经验，提出了对于岩溶地区隧道建设灾害机理分析、事故预判、维护整治的见解。在编写过程中，可能存在一些疏漏或不足，敬请专家及同行指正。

作　者

2016年10月21日

目 录

第一章 绪 论 ………………………………………………………………… (1)
  1.1 高速铁路概述 ………………………………………………………… (1)
  1.2 高速铁路国内外发展现状 …………………………………………… (1)
  1.3 高速铁路的技术经济优势 …………………………………………… (4)
  1.4 高速铁路隧道发展 …………………………………………………… (6)

第二章 岩溶发育规律及特征 ……………………………………………… (8)
  2.1 岩溶地质概述 ………………………………………………………… (8)
    2.1.1 岩溶的概念和特征 ……………………………………………… (8)
    2.1.2 岩溶的分布特征 ………………………………………………… (9)
    2.1.3 我国岩溶发育的总体特征 ……………………………………… (9)
  2.2 岩溶地质特点 ………………………………………………………… (10)
    2.2.1 一般规律 ………………………………………………………… (10)
    2.2.2 岩溶与岩层的关系 ……………………………………………… (10)
    2.2.3 岩溶与地质构造的关系 ………………………………………… (11)
  2.3 岩溶国内外研究现状 ………………………………………………… (12)
  2.4 岩溶隧道面临的主要问题 …………………………………………… (16)
    2.4.1 岩溶隧道的定义 ………………………………………………… (16)
    2.4.2 岩溶对隧道的影响 ……………………………………………… (17)
    2.4.3 岩溶隧道施工中存在的问题 …………………………………… (17)
  2.5 创新点 ………………………………………………………………… (18)
  2.6 本章小结 ……………………………………………………………… (18)

第三章 高铁岩溶隧道的数值模拟 ··· (19)

3.1 有限元法 ·· (19)
3.2 有限元数值模拟计算 ·· (19)
3.2.1 力学模型和参数 ··· (19)
3.2.2 有限元模型 ··· (20)
3.2.3 计算结果分析 ·· (22)
3.3 本章小结 ·· (46)

第四章 岩溶隧道涌水预测与机理 ··· (47)

4.1 岩溶区隧道涌水地质条件研究 ·· (47)
4.2 岩溶区隧道涌水量预测研究方法 ·· (47)
4.2.1 近似方法 ·· (47)
4.2.2 专业理论方法 ·· (47)
4.2.3 数值法 ··· (48)
4.2.4 随机数学方法 ·· (49)
4.2.5 非线形理论方法 ··· (49)
4.3 岩溶隧道突水机理 ·· (49)
4.3.1 岩溶隧道突水类型力学分析 ··· (49)
4.3.2 岩溶隧道突水机理分析 ··· (51)
4.4 岩溶隧道涌水灾变特征 ·· (52)
4.4.1 岩溶突水灾变水力特征 ··· (52)
4.4.2 岩溶突水灾变频数特征 ··· (52)
4.4.3 岩溶突水灾变充填物特征 ·· (53)
4.4.4 岩溶突水灾变与工序关系特征 ·· (53)
4.4.5 岩溶突水动态变化特征 ··· (53)
4.5 岩溶隧道突水与环境的关系 ·· (54)
4.5.1 岩溶水与生态环境的关系 ·· (54)
4.5.2 岩溶隧道涌水与地下水的关系 ·· (54)
4.5.3 地下水位与生态环境的关系 ··· (55)
4.6 本章小结 ·· (56)

第五章 岩溶隧道超前地质预报 .... (57)

5.1 现代超前地质预报方法的特点 .... (57)
5.2 隧道施工超前地质预报的目的 .... (57)
5.3 TSP203 超前地质预报方法 .... (58)
5.3.1 隧道地质超前预报实施方案 .... (58)
5.3.2 预报方法及原理 .... (58)
5.4 地质雷达方法 .... (61)
5.4.1 SIR3000 系统 .... (61)
5.4.2 SIR3000 系统预报原理 .... (61)
5.4.3 信息处理和解释 .... (63)
5.5 TRT6000 超前地质预报系统 .... (63)
5.5.1 全新的地质超前预报设备 .... (63)
5.5.2 TRT 技术发展经历 .... (64)
5.5.3 TRT6000 的原理 .... (64)
5.5.4 预报系统组成 .... (64)
5.5.5 TRT6000 的特点 .... (66)
5.5.6 含水构造大管径的管状岩溶构造工程实例 .... (66)
5.6 本章小结 .... (70)

第六章 岩溶隧道施工方法 .... (71)

6.1 岩溶隧道施工开挖方法 .... (71)
6.1.1 全断面开挖 .... (72)
6.1.2 台阶法开挖 .... (73)
6.1.3 分部开挖法 .... (74)
6.2 岩溶隧道开挖方法的选择 .... (77)
6.3 本章小结 .... (78)

第七章 岩溶隧道整治技术 .... (79)

7.1 隧道岩溶整治原则 .... (79)
7.2 隧道岩溶段地下水的处理 .... (80)
7.2.1 处理原则 .... (80)

　　　7.2.2　暗沟排水 …………………………………………………………………… (80)
　　　7.2.3　涵洞、泄水洞排水 ………………………………………………………… (81)
　　　7.2.4　渗沟、铺砌排水 …………………………………………………………… (81)
　　　7.2.5　注浆堵水,并加固围岩 ……………………………………………………… (81)
　7.3　小型溶洞的处理 ……………………………………………………………………… (84)
　　　7.3.1　浆砌封闭,回填压实 ………………………………………………………… (84)
　　　7.3.2　隧道回填,上部护拱防护 …………………………………………………… (84)
　　　7.3.3　换填片石,加强衬砌 ………………………………………………………… (85)
　　　7.3.4　隧底底板梁处理 ……………………………………………………………… (85)
　7.4　规模较大溶洞的处理措施 …………………………………………………………… (85)
　　　7.4.1　支顶加固 ……………………………………………………………………… (85)
　　　7.4.2　跨越通过溶洞措施 …………………………………………………………… (88)
　　　7.4.3　拱桥跨越 ……………………………………………………………………… (88)
　　　7.4.4　边墙拱跨越 …………………………………………………………………… (89)
　　　7.4.5　整体衬砌浮放,支托跨越 …………………………………………………… (90)
　7.5　暗河处理 ……………………………………………………………………………… (90)
　7.6　通过连通地表的溶洞 ………………………………………………………………… (92)
　7.7　岩溶充填物的处理 …………………………………………………………………… (93)
　7.8　大型干溶洞处治 ……………………………………………………………………… (95)
　7.9　岩溶隧道洞内的预加固方法 ………………………………………………………… (96)
　　　7.9.1　注浆加固的原则 ……………………………………………………………… (96)
　　　7.9.2　隧道注浆分类 ………………………………………………………………… (96)
　7.10　本章小结 ……………………………………………………………………………… (100)

参考文献 ……………………………………………………………………………………… (101)

第一章 绪 论

1.1 高速铁路概述

随着世界人口的快速增长和经济建设的高速发展，人们的生活节奏明显加快，对交通工具的便捷要求也在日益提高，继航空线路和高速公路快速发展之后，人们又把目光集中到铁路的高速发展上，因此高速铁路的研究和建设应运而生。世界上一些发达资本主义国家首先根据自己国家的幅员、人口分布、工商业布局、经济与科技实力等具体国情，从人们的实际出行需要出发，纷纷采取了这种高效快捷的客运工具。目前，高速铁路在发达国家和大多数发展中国家都有建设，不同国家由于国情原因，发展程度和技术水平也有很大差别。随着航空、公路和海运的全面快速发展，铁路也面临着严峻的挑战和新的发展机遇，这种发展趋势必将促进铁路管理的体制改革和运输手段的技术创新，进一步加速铁路的高速化、重载化和多式运输的立体化，进而实现铁路路网的现代化。

高速铁路的定义是随着世界科学技术的发展和客观条件的变化而变化的。在世界上首先以法律条文明确高速铁路定义的是日本，1970 年 5 月，日本在第 71 号法律《全国新干线铁路整备法》中规定："列车在主要区间以 200km/h 以上速度运行的干线铁道称为高速铁路。"也有一些不同的提法，如将最高时速 160km/h 划归为高速铁路。但在众多已进入高速铁路时代的各国高速列车，一般最高时速均在 200km/h 以上。因此人们又往往习惯于把时速在 200km/h 以上的干线铁道称作高速铁路，一般来说是没有什么异议的。综上所述，高速铁路是指列车在主要行车区间上能以 200km/h 以上速度运行的干线铁路。

1.2 高速铁路国内外发展现状

20 世纪 20 年代高速公路得到了快速发展，在第一次世界大战中发展起来的航空工业，在战后由大量军用飞机转为民用，在速度上取胜。由于铁路长期忽略列车运行速度的提高，于是出现了长途运输受到飞机排挤，短途客流又被汽车所吸引，形成了经营上连年亏损的局面，铁路一度被称为"夕阳产业"。在 20 世纪初至 50 年代，德国、法国、日本等国率先开展了提高铁路速度的试验和研究，取得了一定的成果。

1957 年日本首次在世界上提出了高速铁路的修建方案，1958 年日本政府决定批准修建高速铁路的方案。1964年10月日本建成了世界上第一条真正意义上的高速铁路,即日本东海道新干线。该线路从东京起始,途经名古屋、京都等地终至(新)大阪,全长515.4km,运营速度高达210km/h。新干线的正式通车,标志着世界高速铁路新纪元的到来。1971年,日本国会审议并通过了《全国铁道新干线建设法》,随后,东海道新干线向西延伸,1975年开通至终点站博多、大阪。至博多的延伸线称为山阳新干线,全长1069km,列车行驶最高时速达270km/h。1982年上越新干线全线通车运营,列车行驶时速240km/h。1985年东北新干线(东京至盛冈,全长496.5km)全线通车运营,列车行驶最高时速达240km/h。1997年长野新干线(高崎至长野,全长117.4km)全线通车营业,列车行驶最高时速260km/h。

法国1976年开始修建了法国第一条高速铁路,其造价要比日本低得多,性能也有了突破性的提高。法国TGV列车的成功运行,推动了世界各国高速铁路的发展。1989年9月和1990年9月,法国又建成巴黎至勒芒(181km)与图尔(101km)的大西洋线。大西洋试验线上一列由两辆动车、三辆车厢组成的第二代以515.3km/h的时速创造了新的世界纪录,引领了当时的高速时代。该线开通运营后,列车最高行驶时速达300km/h,载客量由第一代的368人提高到485人。1992年巴黎东南线里昂环线投入运营,1994年7月又完成了延伸到瓦朗斯的新线工程,使东南线长度达到530km。特别是1994年5月,大巴黎区外环线的建成,使北线、东南线、大西洋线构成可绕过巴黎相对连接的高速铁路网系统。

德国早在20世纪初就已论证了采用轮轨系统可将列车速度提高到300km/h的可行性,它的ICE列车也是世界上有名的。1979年试制成第一辆ICE机车,1982年德国高速铁路计划开始实施。1985年ICE的前身首次试车,以317km/h的时速打破德国铁路150年来的记录,1988年创造了时速406.9km/h的记录。1990年由1台机车加13辆车厢组成的ICE列车开始在高速铁路试运行,时速可达310km/h。德国ICE城际高速列车行驶时速为250km/h,而在既有线上行驶速度与IC城际快速列车相同,最高时速为200km/h。1993年以来,ICE高速列车已进入柏林,并把德国首都纳入ICE高速运输系统。ICE也穿过瑞士边界,实现了苏黎世至法兰克福等线路的国际直通运输。

英国于1976年靠HST内燃动车组实现了200km/h的高速运行,最早的高速干线是CTRI(连接英伦海峡的隧道铁路),其第一区间(74km)已于2003年9月16日开通,CTRI的高速铁路技术引进法国的TGV技术。

苏联通过改造既有线路,在莫斯科—圣彼得堡间采用电动车组,实现了时速为200km/h的高速运行,率先成为为数不多拥有高铁的国家之一。

"欧洲之星"高速列车于1994年11月在法、英、比三国首都间正式投入运营。1997年12月连接巴黎、布鲁塞尔、阿姆斯特丹,以4个城市首字母命名的TGV-PBKA高速列车开始投入运行。巴黎至里尔(226km)的旅行时间由2h15min缩短为1h,巴黎至伦敦的行车速度,在法国境内时速为300km/h,在隧道内时速为167km/h,目前旅行时间为3h。待英国境内从隧道口福克斯敦至伦敦市中心高速铁路(109km)建成后,旅行时间可缩短为 2h25min，伦敦至布鲁塞尔的旅行时间可缩短为 2h5min。

韩国汉城—釜山间运营最高速度为 300km/h 的高速新线于 2004 年 4 月 1 日开通，采用了法国 TGV 技术的高速列车，并命名为 KTX。这样韩国就成为继日本之后，东亚第二个拥有高速铁路的国家。

意大利连接罗马和米兰两大都市的意大利干线由于曲线多和坡度大，提速比较困难。雷德西马高速新线，全长 239km，为客货两用线路，于 1977 年部分开通，1998 年运营，摆式电动车组 ETR450 开始了 250km/h 的高速运行。罗马向南的那不勒斯高速新线（220km）于 2004 年开通。

20 世纪 80 年代，中国台湾制订了台北—高雄高速新干线计划，设计运营最高速度 300km/h，运行 1h30min，里程 345km，采用日本 700 系新干线技术。

1998 年 10 月在德国柏林召开了第三次世界高速铁路大会，参会国家的特征主要表现为：一是多数国家在高速铁路新线建设初期制订了修建高速铁路的全国规划；二是虽然建设高速铁路所需资金较大，但从社会效益、节约能源、治理环境污染等诸多方面分析，修建高速铁路对整个社会具有较好的效益，成为各国政府的共识；三是高速铁路促进地区之间的交往和平衡发展，欧洲国家已经将建设高速铁路列为一项政治任务，各国呼吁在建设中携手打破边界的束缚；四是高速铁路从国家公益投资转向多种融资方式筹集建设资金，建设高速铁路出现了多种形式融资的局面；五是高速铁路的技术创新正在向相关领域辐射和发展，这次高潮波及到亚洲、北美、澳洲以及整个欧洲，形成了交通领域中铁路的一场复兴运动。

自 1992 年以来，俄罗斯、韩国、中国台湾、澳大利亚、英国、荷兰等国家和地区先后开始了高速铁路新线的建设。据不完全统计，为了配合欧洲高速铁路网的建设，欧洲东部和中部的捷克、匈牙利、波兰、奥地利、希腊以及罗马尼亚等国家正对干线铁路进行改造，全面提速。亚洲（韩国、中国）、北美洲（美国）、澳洲（澳大利亚）也都掀起了建设高速铁路的新热潮。

我国中东部地区人口密度大、城市布局集中、运载压力大，适合高速铁路规划建设营运。"九五"时期，针对铁路客运速度慢、运输能力严重不足等突出问题，我国先后进行了三次大提速。在此基础上，以高速铁路建设列入铁道部《"十五"期间铁路提速规划（2001—2005）》为标志，我国高速铁路建设进入加速期。"十五"规划提出：初步建成以北京、上海、广州为中心，连接全国主要城市的全路快速客运网，客运专线旅客列车最高时速达到 200km/h 及以上，实现高速铁路、部分繁忙干线客货分线。根据中国中长期铁路网规划方案，到 2020 年，我国铁路运营里程将达到 12×10^4 km 以上。其中，新建高速铁路将达到 1.6×10^4 km 以上，连接所有省会城市和 50 万人口以上城市，覆盖全国 90% 以上人口。

"十五"以来，我国铁路充分利用"后发优势"，高速铁路迅猛发展。以国际铁路联盟规定的商业（平均）运营时速（全程运行距离/全程运行时间）超过 200km/h 的标准作为高速铁路的定义。自2007年4月18日零时起，我国铁路正式实施第六次大面积提速和新的列车运行图。列车在京哈、京沪、京广、陇海、胶济等既有铁路干线上实施时速200km/h的提速，部分区段列车运行时速达到250km/h。提速后，全国铁路客运能力增长18%以上，货运能力增长12%以上。成渝铁路在运营初期就可使用国产机车车辆，开行200km/h的列车或动车组，待条件成熟时，可开行250km/h，甚至300km/h及以上的高速列车。

2008年3月31日，我国时速350km/h的首列国产化CRH3高速动车组在"唐车"下线，进入测试运行。2009年12月9日，武广高速铁路成功试运行，从广州南站发车至武汉站用时不到3h。其间，国产CRH3"和谐号"动车组跑出394.2km/h的时速，创造两车重联情况下的世界高速铁路最高运营速度。2009年12月26日，武广高速铁路正式开通运营，标志着我国高速铁路设计、建设和运营技术不仅领先世界，而且进一步完善成熟。从总体上讲，我国铁路已经掌握高速铁路线型精测精调、客站功能完善、路基沉降控制、长大梁制运架、大跨高桥长隧、无砟有砟轨道等设计与施工成套关键技术，实现了具有世界先进水平的客运动车组的国产化，形成了具有世界先进水平的中国高速铁路技术标准体系和成套工程技术。

1.3 高速铁路的技术经济优势

由于高速铁路具有上述技术经济优势，所以高速铁路自问世以来发展迅速，现在有些国家已从修建高速铁路线向高速铁路网方向发展。高速铁路逐步代替了原有铁路，已经成为铁路交通普遍发展的趋势。在我国，高速铁路的发展也相当迅速，其技术经济优势也相当明显，主要表现在以下10个方面。

1. 输送能力大

输送能力大是高速铁路的主要技术优势之一，具体体现在密度、速度、定员三方面。

密度方面：目前各国高速铁路几乎都能满足最小行车间隔4min及其以下（日本可达3min）的要求。

速度方面：速度是高速铁路技术水平的最主要标志，各国都在不断提高列车的运行速度。法国、日本、德国、西班牙、意大利、韩国、英国的高速列车最高运行速度均达到了300km/h。如果作进一步改善，运行速度可以达到350～400km/h。

定员方面：高速铁路速度高，并不等于定员少。如新干线列车的平均定员为1178人，最高为1634人，最低为630人；德国高速铁路的列车定员达到669人；法国高速铁路的列车定员达到794人；韩国高速铁路的列车定员达到935人。

2. 安全性好

高速铁路由于在全封闭环境中自动化运行，又有一系列完善的安全保障系统，所以其安全程度是任何交通工具无法比拟的。高速铁路问世40多年以来，只有德国于1998年

6月3日发生过一次事故（ICE高速列车行驶在改建线上发生事故）。因此，高速铁路被认为是最安全的。

3. 受气候变化影响小

高速铁路全部采用自动化控制，可以全天候运营，除非发生地震。据日本新干线风速限制的规范，若装设挡风墙，即使在大风情况下，高速列车也只要减速行驶，比如风速达到 25～30m/s，列车限速在 160km/h；风速达到 30～35m/s（类似 11 级、12 级大风），列车限速在 70km/h，而无须停运；风速达到 35m/s 以上停运。飞机机场和高速公路等，在浓雾、暴雨和冰雪等恶劣天气情况下，则必须关闭停运。

4. 正点率高

正点率高是高速铁路深受旅客欢迎的原因之一。所有旅客都希望正点抵达目的地，只有列车始发、运行和终到正点，旅客才能有效安排自己的时间。由于高速铁路系统设备的可靠性和较高的运输组织水平，可以做到旅客列车相当高的正点率。西班牙高速铁路的正点率达到 99.6%。日本新干线运行 40 多年来，平均每列车晚点不到 0.8min，东海道新干线更是以运行准时而闻名于世，2002 年东海道新干线每列列车平均晚点只有 22s。高速列车因极高的准时性深得旅客信赖。

5. 舒适方便

高速铁路一般每 4min 发出一列客车。在日本，在旅客高峰时每 3～5min 发出一列客车，旅客基本上可以做到随到随走，不需要候车。为方便旅客乘车，高速列车运行规律化，站台按车次固定化等，这是其他任何一种交通工具无法比拟的。高速铁路列车车内布置非常豪华，工作、生活设施齐全，坐席宽敞舒适，走行性能好，运行非常平稳。减震、隔音效果好，车内很安静。乘坐高速列车旅行几乎无不便之感，无疑是愉快的享受。

6. 能源消耗低

如果以"人·km"为单位能耗来进行比较的话；高速铁路为 1，小轿车为 5.3，飞机为 5.6。高速列车利用电力牵引，可利用多种形式的能源，不必消耗宝贵的石油等液体燃料。另外，高速铁路可利用列车制动再生电能，并回馈给电网。

7. 环境污染小

当今，发达国家对新一代交通工具选择的着眼点是对环境影响小。高速铁路符合这种要求，它明显优于汽车和飞机。各种运输方式对环境的污染水平如表 1-1 所示。

8. 土地利用率高

一条双线高速铁路宽 13.7m，而一条 6 车道高速公路宽 37.5m，其土地利用率比公路高 40%，运输能力也比高速公路大。比如，从巴黎到里昂高速铁路（全长 390km，线间距 412m，允许速度 270km/h）的占地 420hm^2（未计车站占地面积），小于巴黎戴高乐机场的占地面积。

表 1-1　各种运输方式对环境的污染水平表(g/人·km)

污染元素	小汽车	高速铁路
CO	9.3	0.06
NO_x	1.7	0.43
HC	1.1	0.03

9. 经济效益好

高速铁路自投入运行以来,备受旅客青睐,其经济效益十分可观。日本东海道新干线投入运营后,高速列车的客运市场占有份额迅速上升,迫使东京—名古屋的飞机航班停运,这是世界上铁路与航空竞争首次取得胜利的实例。日本高速铁路大大提高了运输服务质量,同时取得了预期的经济效益,1964年投入运营,1966年开始盈利,1971年收回全部投资。法国"东南线"在技术和商业上的巨大成功,使法国铁路摆脱了萧条,重新走向了繁荣,激发了法国修建高速铁路的积极性。同时,极大地推动了世界高速铁路的发展。

10. 社会效益好

高速铁路的社会效益更是显著,随着交通、物流环境的大大改善,国家竞争力得到加强;地区经济发展得以均衡;国民生活质量得以提高;地区文化差距得以缩小。新干线被日本人誉为"经济起飞的脊梁"。韩国更希望KTX的开通成为韩国迈入国民人均收入达2万美元的全民富裕社会的契机。

实践证明,高速铁路的技术经济优势使其在中长距离范围内成为一种更为经济、有效的运输方式。在全球范围内,必将有更多的国家修建高速铁路,这是解决交通运输所面临的一系列问题的有效途径。

1.4　高速铁路隧道发展

伴随着高速铁路的发展,必然出现大量的隧道工程,这主要是与线路的标准有关,如高速铁路最小曲线半径在多数情况下都大于4000m等。

日本是个多山的国家,新干线隧道比例较大。山阳新干线隧道延长占线路总长度的50%,北陆新干线更是长达63%,日本营业新干线中隧道总长度达635km(不包括秋田、山形小型新干线),约占新干线线路总长33%。世界上最长的海底隧道——青函隧道(图1-1)位于本州到北海道的津轻海峡,全长53.6km,跨越海峡全长23.3km,隧道最深处离海平面240m,离海底面100m。青函隧道于1988年建成,使青森—函馆所需时间从以前渡船运输3h50min缩短到2h。青函隧道是按新干线规格设计的,铺设三轨,为北海道新干线预留了运行条件。将来北海道新干线建成后将利用青函隧道通过津轻海峡,东京至函馆只需3h50min即可到达。

日本正在建设中的新干线大部分位于山区,因此更多地采用隧道结构。如九州新干线新八代—西鹿儿岛区段,全长127.6km,隧道全长达88km,占69%。东北新干线盛冈—八户区段,全长96.6km,隧道全长达69.2km,占73%,其间的岩手一户隧道(图1-2),全长25.8km,2002年8月开通运营。东北新干线八户—新青森区段81.8km,隧道全长达49.9km,占61%。其中的八甲田隧道,全长26.455km,建成后将超过岩手一户隧道的长度。

图1-1 日本青函隧道　　　　图1-2 日本岩手一户隧道

德国于20世纪80年代初期动工修建的从汉诺威至维尔茨堡高速铁路,长327km,隧道总长118km,占线路总长的37%,包括长达10.747km的兰德吕肯隧道。另一条从曼海姆到斯图加特线路总长100km,隧道约占30%(30km)。2002年开通的运行速度为300km/h的科隆—法兰克福高速铁路,隧道占线路总长21.3%。

我国台湾正在修建的台北到高雄的高速铁路,全长333km,共有总延长39km的50座隧道,最长的隧道约8.4km,隧道占比为11.7%。

第二章 岩溶发育规律及特征

2.1 岩溶地质概述

2.1.1 岩溶的概念和特征

岩溶,国外称之为 Karst(音译为喀斯特),原为 Kras,即石头的意思,是斯洛文尼亚境内伊斯特里亚半岛(Istria Peninsula)上一个有石灰岩分布的地方的地名。这个地方靠近意大利,意大利人称之为 Carso,而德国人称之为 Karst,后来即以德语 Karst 命名这类地貌现象,英语也沿用此名称。我国也像世界上其他国家那样,在描述或研究这种孕育着奇峰异洞的石灰岩地貌时,仍沿用这一专有名词,并音译为"喀斯特"。

1966 年 3 月,在广西桂林召开的中国地质学会第一次全国岩溶学术会议上,根据一些学者的提议,认为"喀斯特"在我国分布广泛而典型,与广大人民日常生活及经济建设具有密切的关系,而用音译"喀斯特"不易为群众所理解,于是建议另用可反映这种作用与现象的名称以代替之。通过百多位学术界人士的讨论,最后选用"岩溶"这一名称。因为奇峰异洞这种现象,就是由于岩石被水溶解这个主要因素而产生的,采用岩溶这个名称,可以反映这种地质作用的本质。

岩溶,主要是指水对可溶性岩石——碳酸盐岩(石灰岩、白云岩等)、硫酸盐岩(石膏、硬石膏等)和卤化物岩(岩盐)等的溶蚀作用,及其所形成的地表及地下的各种景观与现象。在岩溶作用过程中,经常伴随发生的侵蚀、潜蚀、冲蚀、崩塌、塌陷与滑动,以及化学、物理与机械的风化、搬运、堆积与沉积等作用,还有不少的生物,例如微生物、菌类、藻类、植物与动物的生命活动及其死亡机体的分解作用等,都可对岩溶的发育产生影响。岩溶作用多数是发生在大气降水的条件下,也可在冰雪覆盖的环境中进行;地下的热液活动可产生另一类热液岩溶作用,所有这些作用,都是以可溶岩被水溶解的作用为基础的,所以最本质的现象就是"岩石的溶解",即岩溶作用。

岩溶作用的结果表现在以下两方面:一方面形成地下和地表的各种地貌形态,如石芽、溶沟、溶孔、溶隙、落水洞、漏斗、洼地、溶盆、溶原、峰林、孤峰、溶丘、干谷、溶洞、地下湖、暗河及各种洞穴堆积物;另一方面形成特殊的水文地质现象,如冲沟少,地表水系不发育;岩体透水性增大,常构成良好的含水层;岩溶水空间分布极不均匀,动态变化大且流态

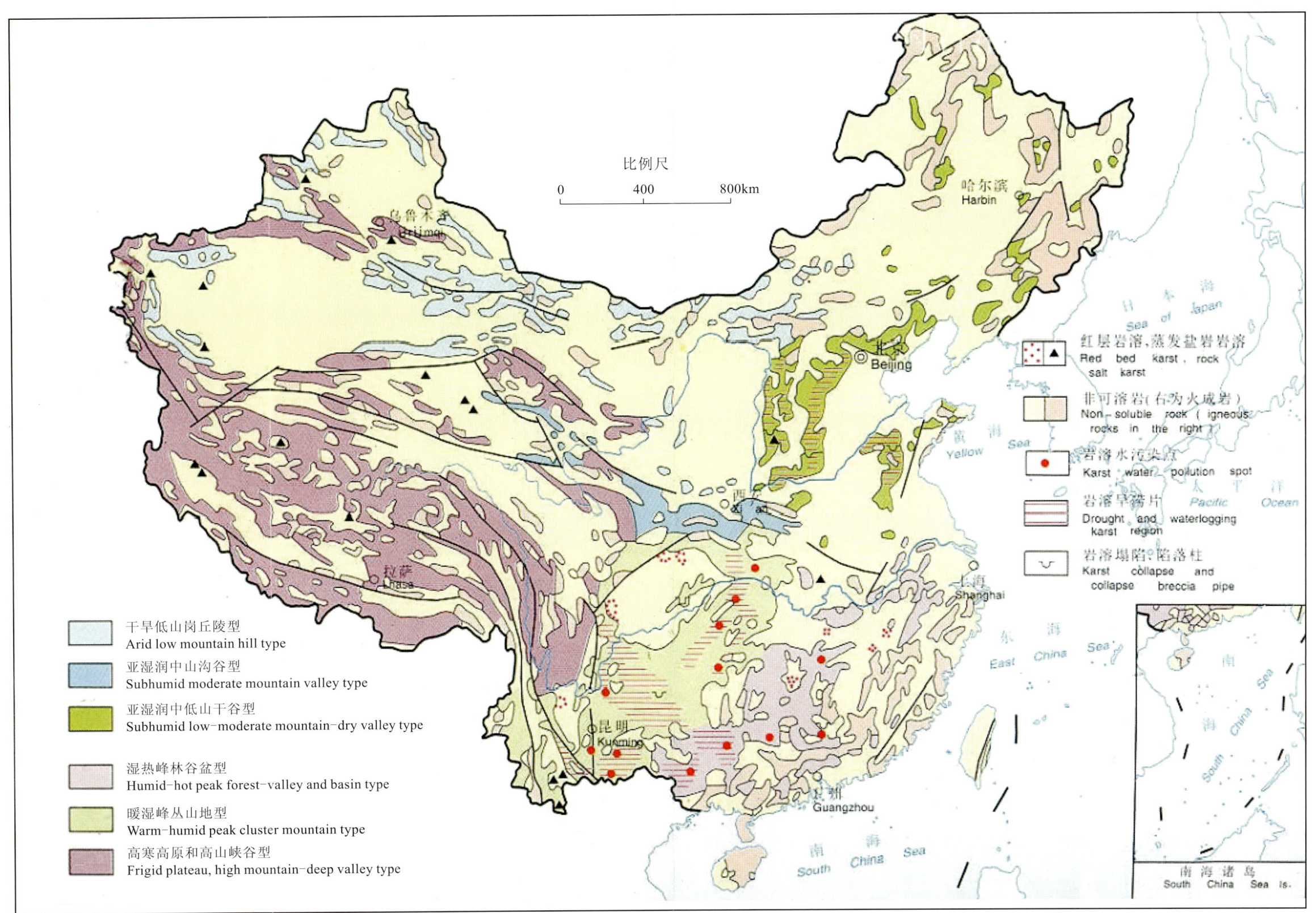

图2-2 中国岩溶环境地质图

图 2.1 中国地势图

复杂多变;地下水与地表水互相转化迅捷;地下水埋深大,山区地下水分水岭与地表分水岭常不一致等。

2.1.2 岩溶的分布特征

岩溶在世界上分布十分广泛,从海平面以下几千米的地壳深处,到海拔5000m以上的高山区均有发育。据估计,可溶岩在地球上的分布面积为:碳酸盐岩$4000×10^4 km^2$,石膏和硬石膏$700×10^4 km^2$,盐岩$400×10^4 km^2$。我国碳酸盐岩分布面积约$200×10^4 km^2$,占国土总面积的1/5,其中裸露于地表的约$130×10^4 km^2$,占国土总面积的1/7。碳酸盐岩分布的地理位置包括西南、华南、华东、华北等地以及西部的西藏、新疆等省区。在川、黔、滇、桂、湘、鄂诸省呈连续分布,面积达$50×10^4 km^2$,是我国主要的岩溶区。

我国碳酸盐岩形成于不同的地质时代。华南地区自震旦纪至下古生代的寒武、奥陶纪,上古生代的泥盆、石炭、二叠纪和中生代的三叠纪,碳酸盐岩总厚达3000~5000m。华北地区则为震旦纪和下古生代,酸酸盐岩总厚度为1000~2000m,这些碳酸盐岩为岩溶的形成提供了丰厚的物质基础。

2.1.3 我国岩溶发育的总体特征

1985—1989年,中国地质科学院岩溶研究所先后开展了"中国南方岩溶塌陷研究""长江流域岩溶塌陷研究"和"中国北方岩溶塌陷研究"等项目。1988年,铁道部第二勘测设计院还开展了"铁路沿线岩溶塌陷及防治"工作,基本摸清了我国岩溶塌陷发育的现状和宏观分布规律,确定了我国岩溶塌陷基本类型。

我国地势总体呈现"西高东低,阶梯状分布"的特征(图2-1):第一阶梯以青藏高原为主,平均海拔在4000m以上;第二阶梯主要为西北的三山夹两盆(阿尔泰山、准噶尔盆地、天山、塔里木盆地、昆仑山)、中部的黄土高原、西南的四川盆地和云贵高原,海拔1000~2000m;第三阶梯以平原丘陵为主,海拔多在500m以下,有黄淮平原、长江中下游平原、丘陵等。

我国属季风气候,由于高原阻碍,暖湿气流都被阻碍在平原地带,形成降雨。而西北部和青藏高原等地降雨很少。岩溶发育与地形、降水、岩性、构造等诸多因素关系密切,我国独特的季风气候与阶梯地貌特征形成了岩溶北弱南强、山区垂向岩溶地貌发育、平原区覆盖型岩溶发育的总体特征(图2-2)。

2.2 岩溶地质特点

2.2.1 一般规律

可溶性岩石是岩溶发育的必备条件。可溶性岩石按它们溶于水的程度又可分为难溶于水的、中等溶于水的和易溶于水的三种。岩石性质不同，岩溶的发育速度也不同，如表2-1所示。

表2-1 可溶岩性质与岩溶速度的关系

可溶岩的岩石性质	岩溶速度	岩溶分布
难溶于水的碳酸盐岩石（石灰岩、白云岩）	较 慢	分布广（常见）
中等溶于水的碳酸盐岩石（石膏、硬石膏）	中 等	分布少
易溶于水的碳酸盐岩石	较 快	分布更少

同一种岩石（如石灰岩）由于所含的物质成分不同，岩溶的发育速度也不相同。纯质石灰岩被水溶解的能力较强，岩溶一般较发育。石灰岩中如含有黏土、硅质、白云石、沥青、有机质等杂质时，石灰岩被水溶解的能力降低，因此，岩溶的发育程度也降低。相反，如果石灰岩中含有黄铁矿（因黄铁矿氧化反应产生硫酸，促进岩石溶解），能加速岩溶发育。

2.2.2 岩溶与岩层的关系

岩层组合关系是影响岩溶的一个重要的物质因素。碳酸盐岩的岩层组合是指碳酸盐岩层与非碳酸盐岩层在地层中的组合关系及其所构成的各种不同含水层系在岩溶作用方面的差异性。对一定的地层层位而言（如统或组），碳酸盐岩岩层的组合通常可分为单一状和间互状两种形式。一般来说，岩溶最发育的是全部以纯碳酸盐岩组成的岩层组合；对于间互状岩层组合，岩溶化程度随着非可溶岩层的增多而减弱。

鉴于不同岩溶层组类型的岩溶水动力条件不同，表现的岩溶地貌形态及其规模也不同。因此，划分岩溶层组类型不仅便于对一定的地层单位（如统或组）做出岩溶发育程度的评价，也是研究岩溶地区工程地质和水文地质条件的重要依据。

从铁路工程地质观点出发，按下列条件划分岩溶层组类型：

(1)碳酸盐岩的岩石成分。

(2)碳酸盐岩的岩层组合——单层、互层或夹层。

(3)碳酸盐岩的成层构造条件——岩层层厚。

研究一个地区的岩溶发育程度需要结合该区的岩溶层组类型、地质构造条件、岩溶地貌部位以及岩溶发育历史等特点来综合考虑。据相关地区碳酸盐岩试验资料表明，碳酸盐岩的溶蚀程度取决于比溶解度（CaO/MgO），即碳酸盐岩中方解石的含量增加，可溶程度提高，若碳酸盐岩中白云岩含量增加，可溶程度则减小。岩石方解石含量愈多，愈趋纯碳酸盐岩岩组，越易溶解，岩溶越发育。

2.2.3 岩溶与地质构造的关系

地质构造主要包括断裂和褶皱，对地下水循环运动的途径和方向起着重要的控制作用，因而对岩溶发育产生重要影响。

因岩层褶皱，伴生和派生的裂隙系统一方面为地下水的活动提供了通道；另一方面，因褶曲而变形的隔水层又限制着地下水的循环补排，所以岩溶发育也具有不同的特点。当向斜褶皱的核部形成承压水时，一般情况下，岩溶发育可能相对均一。但是，如果有显著的张裂带产生，也可能发育横穿向斜的倒虹吸状的岩溶管道。在背斜褶皱中，沿背斜轴部上层的纵张和横张裂隙，也可能发育岩溶管道。

溶洞通道网络的组合格式与溶洞区碳酸盐岩的主导裂隙方向相当一致。一般认为，压性或压扭性裂隙透水性弱，构造岩也比较密实，常形成阻水带，但断层两盘的碎裂岩带，由于岩体破碎松弛，又常成为地下水的活动带。除此之外，层面和裂隙对岩溶发育有重要作用，特别是不纯碳酸盐岩或碳酸岩与非可溶岩间互层组合中，溶洞和岩溶管道沿层面和层间裂隙发育的现象十分普遍。很多落水洞或溶洞就是沿层间裂隙和切层裂隙相连接的部位发育的，一些岩溶管道常呈阶梯状向地下延伸，或者曲折前进，通向岩溶水的排泄区。

地质构造破坏了岩体的完整性，从而增加了岩石的透水性，改善了水在可溶岩岩体内的循环条件，强化了水的溶蚀作用，促进了岩溶的发育，因此，破裂结构面控制岩溶发育的强度。灰岩等的透水性主要有赖于风化裂隙、构造裂隙的发育程度，而风化裂隙仅及表层，构造裂隙才能涉及深部。因此，构造带（断裂带、裂隙密集带）是控制岩溶发育深度的重要因素。

断裂、节理裂隙是岩体在构造应力作用下形成的破裂构造形迹，其展布具强烈的方向性。不同应力条件下产生的断裂、裂隙（压性、张性、扭性等）具不同的构造、结构特征，具不同的水文地质特性、不同的富水条件。富水程度一般张性大于压性破裂结构面。山地背斜（背斜核部为正地形）核部纵张裂隙贯通性好，横张裂隙强势；沿纵张裂隙多发育大型溶蚀洼地、串珠状漏斗，涉及较大范围的汇水面积，形成对地下的补给。横张裂隙溶蚀发育强烈，终将成为导水通道，将背斜核部的岩溶水导入纵向（沿地层走向）富集带，形成管道流、暗河（溶道型岩溶）。如长阳背斜核部台原山地沿张性裂隙发育大型负地形的封闭洼地等，形成补给区，沿横张裂隙发育的溶隙（图2-3）将核部岩溶水导至"接触带"（奥陶系下统碳酸盐岩与奥陶系中上统泥灰岩阻水层接触带）汇聚成纵向富水带，形成纵向管道流。

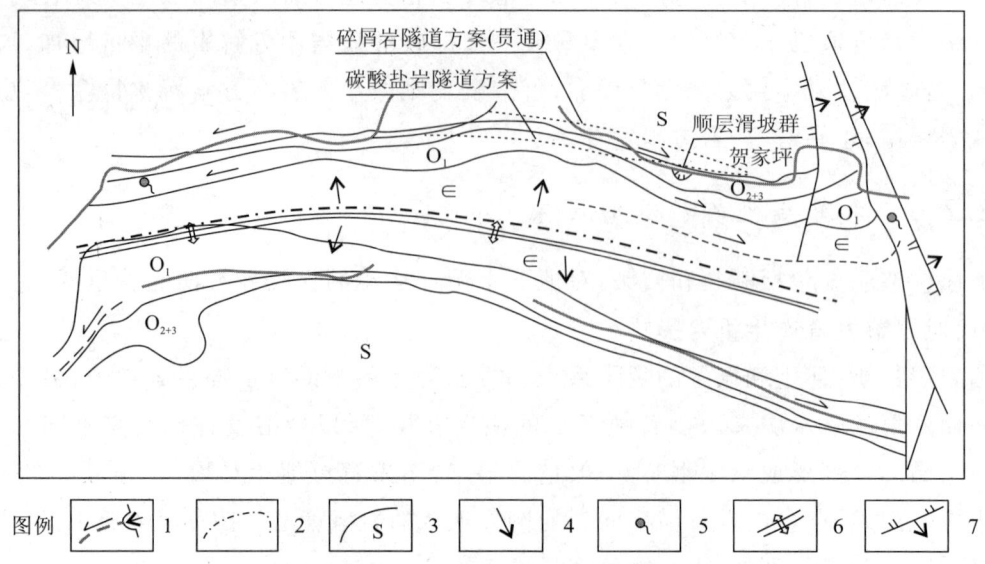

图 2-3 长阳背斜北部水文地质平面略图（顾湘生等，2012）
1. 暗河；2. 分水岭；3. 岩层界线；4. 地表水流向；5. 泉；6. 背斜轴部；7. 断裂构造

2.3 岩溶国内外研究现状

1. 国外研究现状

岩溶地面塌陷是全球广泛分布的地质灾害问题。据不完全统计，已有包括中国、美国、南非、法国、英国、德国、俄罗斯、波兰、捷克、南斯拉夫、比利时、土耳其、加拿大以及以色列等 16 个国家发生过严重的岩溶地面塌陷。

岩溶塌陷发育的广泛性与危害性，已引起国际社会的普遍关注，进入 20 世纪 70 年代以来，召开了多次与塌陷有关的国际会议，使世界各国的研究者有机会交流和商讨解决这一地质灾害问题的经验与方法。1973 年，国际工程地质协会在西德汉诺威首次召开了"岩溶塌陷与沉陷：与可溶岩有关的工程地质问题"国际讨论会。有 13 个国家参加，提交了 47 篇论文，分四方面议题：①塌陷和沉陷形成的地质和地球化学条件；②塌陷与沉陷的机理；③塌陷区的区划和地下洞穴位置的探测方法；④工程实例和工程措施。

1983 年由 Barry Beck 和 Herring 负责成立了美国佛罗里达州岩溶塌陷研究所。1984—2008 年先后在美国佛罗里达州、密苏里州、肯塔基州、德克萨斯州举行了 11 届"岩溶塌陷和岩溶的工程与环境影响多学科国际讨论会"。1996 年，美国学者 George Sowers 编写了 *Building on Sinkholes*: *Design and Construction of Foundations in Karst Terrain*（《塌陷上的建筑物——岩溶区的基础设计与施工》），全面介绍了岩溶塌陷的机理和防治问题。2004 年，英国学者 Tony Waltham 等组织来自各国的 20 多位专家编写了

SINKHOLES and SUBSIDENCE：Karst and Cavernous Rocks in Engineering and Construction（《塌陷与沉陷——岩溶与洞穴发育岩体中的工程与建设》），系统介绍了工程活动中岩溶隐患的处置问题。

我国幅员辽阔，有70%的国土面积为山区，地质条件十分复杂，是世界上岩溶分布面积最广的国家之一。我国境内可溶岩分布面积达$340×10^4 km^2$，约占我国国土面积的1/3。其中，裸露于地表的碳酸盐岩面积为$91×10^4 km^2$，接近我国国土面积的1/10。如此广阔的岩溶面积，严重影响着我国交通基础设施的建设和发展。岩溶不良地质条件给隧道的施工和运营造成了严重的威胁。

岩溶隧道问题的研究可以追溯到20世纪30年代的苏联，当时召开了第一届全苏喀斯特会议，此会议由舍维亚科夫院士发起。在20世纪70年代，德国也首次举行了主题为"与可溶岩有关的工程地质问题"的国际研讨会。

我国也在岩溶的工程地质问题上做了大量的工作，对隧道岩溶的超前预报及岩溶隧道的施工技术和安全管理都有所研究。如薛诩国、李术才等人采用TSP203超前预报系统对沪蓉西高速公路齐岳山隧道进口左洞溶洞进行了较为准确的预报。钟世航介绍了利用陆地声纳法探测隧道掌子面前方溶洞的理论与实际应用。在隧道穿越大型溶洞的施工中，张德和采用分步开挖，化大断面为小断面，步步封闭成环的"眼镜工法"施工方案，采用该施工法可有效地控制因溶洞引起的围岩大变形。马涛利用路基加明洞的方案，并采用强夯加注浆加固的综合地基处理方法处治宜万铁路龙麟宫隧道1号大型溶洞。周伟对岩溶隧道八卦山隧道采用管棚施工方法和施工工艺。

总的来说，由于岩溶隧道的地质环境复杂，岩溶隧道施工技术的研究，当前主要是针对施工中遇到的不同规模和性质的出露溶洞，研究对它的处治或预处理方案。对大型出露溶洞可采用拱桥、大口径人工挖孔桩、高压灌浆方案；对中、小型出露溶洞可采用混凝土、片石混凝土回填或采用钢筋混凝土底板筏基；对小型出露溶洞可采用注浆加固或支护补强方式处理。国外在岩溶塌陷灾害研究方面，主要注重如下几个方面。

(1)岩溶塌陷发育条件的勘测技术。岩溶塌陷发育的基本条件是要存在隐伏岩溶，对具有高度不均一性的隐伏岩溶发育带的探测一直都是世界难题，发达国家由于制造技术、电子设备方面的优势，先后将地质雷达、高密度电法、浅层地震、CT层析法等地球物理方法运用到这一领域。

(2)岩溶塌陷发育的过程、机理和临界条件研究。岩溶塌陷发育机理的揭示是有效防治的前提，由于岩溶塌陷发育过程的特殊性，使得模型试验成为主要的研究手段。1970年日本学者Nogushi、1986年苏联学者B.Ⅱ.Xomehko、1984年美国学者R.J.Hodek、1995年美国学者T.M.Tharp先后采用物理模型试验或数值分析的方法，系统研究了非黏性土潜蚀塌陷的过程。

此外，国外一些学者还尝试采用岩土工程离心机进行塌陷试验。Borms和Bennermark(1967)、Marir(1984)专门研究了上覆软土"突入"隧道造成地面下沉塌陷问题。Bertin(1978)针对佛罗里达州的土层情况,模拟了上覆砂层、粉砂层的塌陷问题。Howell 和 Jenkins(1984)模拟研究了英国岩盐洞穴的上覆砂层塌陷。Sterling 和 Ronayne(1984)试验了洞穴上覆黏土层的沉陷,但没有测量黏土的强度,也没有把结果推广到其他土层条件。在Sterling 的基础上,Craig(1990)用离心模型研究了黏土直接覆盖洞穴或黏土-砂层-洞穴的条件,建立起无量纲的安全系数(VS)的极限值,塌陷与土层强度、土层厚度、其他上覆荷载以及洞穴开口直径有关,然后,运用他的无量纲比率,可以推广到其他没有专门模拟的土层条件,他还检验了一个简单的分析模型去预测他所观测的塌陷发育机理。以 Craig 的试验为基础,Maryland 大学的 Abdulla 和 Goodings(1996)运用离心机塌陷破坏机理和导致塌陷的临界组合条件,重点研究了上覆在洞穴上方的弱固结砂层的塌陷破坏与洞穴开口大小、洞穴自身强度、弱固结砂层强度厚度、上覆砂层的厚度以及地表荷载的关系。

(3)岩溶塌陷基础数据库建设。国外一直比较重视岩溶塌陷灾害基础数据库的建设工作,并提出了数据格式标准。早在 1984 年,美国存在严重岩溶塌陷问题的 Pennsylvania 和 Florida 相继建立了岩溶塌陷数据库。1988年第五届国际滑坡会议组建了世界滑坡目录工作组,开始建立世界滑坡目录。进入 20 世纪 90 年代,GIS 技术的普及和发展,使数据库建设提升到可视化阶段,美国国家及一些州地质调查局开始直接向用户提供基于 GIS 的地质灾害数字图件,并直接放在互联网上,供用户下载。如全美滑坡图、Pennsylvania 州地质调查局 W. E. Kochanov 博士制作的宾州岩溶塌陷图等;英国国家地质调查局的 A. H. Cooper 建立了基于 ArcView 的岩溶地质灾害数据库。

(4)岩溶塌陷危险性预测与风险评估。运用计算机技术,结合灾害发生的危险性与社会经济易损性,评估灾害风险,已成为近年来国外地质灾害研究工作的重要内容。1996 年,美国克罗拉多大学研制开发了基于 GIS 技术的计算机决策支持系统(DSS),专门用于地质灾害的风险评价工作。美国的 D. Raghu(1984)采用泊松方程来模拟新泽西州 Warren县在给定时间内、给定面积区域发生塌陷的概率。美国的 S. B. Upchurch(1987)提出了用于塌陷风险评估的数据的评价方法。南非的 F. Calitz(2001)开展了南非 Lebowakgomo白云岩地区潜在地面塌陷风险的评估工作,意大利的 R. Salvati 和美国的 T. M. Tharp(2001)提出了根据岩溶水压力对塌陷影响进行意大利中部 Latium 地区岩溶塌陷评估的概念模型,英国国家地质调查局的 A. H. Cooper(2001)用 ArcView 对英国岩溶地质灾害进行了评估。

(5)岩溶塌陷预测预警。这是岩溶塌陷防治工作的重要课题,由于岩溶塌陷的产生在时间上具突发性,在空间上具隐蔽性,在机制上具复杂性,因此,被普遍认为难以采取地面常规监测手段对塌陷进行监测预报。国外早在 1984—1987 年就尝试运用地质雷达进行潜在塌陷的监测工作,如美国学者 Benson 等在北卡罗来那州 Wilmington 西南部的一条军用铁路进行了试验,监测周期为半年,取得了良好的效果。但由于操作复杂、连续性较差、无法对测线外的潜在塌陷进行监测,所以难以在大范围内推广。TDR 是时域反射法

(Time Domain Reflectometry)的缩写，它是一种远程电子测量技术。其最早被应用于电力和通讯工业，用于确定通信电缆和输电线路的故障与断裂，近年来被引用到岩土工程监测中。2001年，美国K.M.O'Connor在马里兰州Frederick县境内的70#洲际高速公路采空区塌陷高风险区进行路基沉降监测。2002年，美国西北大学C.H.Dowding等首次将这一技术运用到岩溶区高速公路路基塌陷监测中，并在岩溶塌陷最为发育的佛罗里达州高速公路进行监测试验研究，但由于试验段为已建公路，只将电缆埋设在路边排水沟上，显然无法实现对路基土洞塌陷的预警，而且，到目前为止，还没有成功预报的实例。

(6)岩溶塌陷对环境的影响。岩溶塌陷除了对工程设施造成破坏外，还会给环境带来很大影响，塌陷坑往往会成为地表工农业和生活污水灌入补给岩溶地下水的通道，给地下水带来潜在威胁，因此，岩溶塌陷将提高岩溶含水层的脆弱性。针对这一问题，美国在塌陷危险区开展工程建设，如高速公路、废物堆放场地等，都必须对地表污水通过塌陷坑进入含水层的可能性进行监测评价。

2. 国内研究现状

作为我国六大类型地质灾害之一，岩溶塌陷一直受到国家有关部门和学者的高度重视，特别是近20年来，投入了大量人力物力开展岩溶塌陷防治研究工作，取得了大量成果。1997年、1998年先后在桂林市和牡丹江市举办了两届"地面塌陷及其对工程建设的影响与防治"学术讨论会。主要成果如下：

(1)我国岩溶塌陷的宏观分布规律。岩溶研究所先后开展了"中国南方岩溶塌陷研究""长江流域岩溶塌陷研究"和"中国北方岩溶塌陷研究"等项目，此外，有关单位还开展了"铁路沿线岩溶塌陷及防治"工作，基本摸清了我国岩溶塌陷发育的现状和宏观分布规律，确定了我国岩溶塌陷基本类型。

(2)岩溶塌陷的机理研究。1993年，岩溶地质研究所建立起大型物理模型试验和渗透变形试验为代表的岩溶塌陷试验室，对武汉、唐山、湘潭、玉林、桂林、铜陵等城市不同类型岩溶塌陷发育的机理进行试验研究，取得了很好的效果。2004年，实验室进行彻底改造，引进了美国Geomation公司生产的2380数据自动采集系统，对试验过程进行全自动监测，使试验研究工作上升到新的高度，也使开展岩溶塌陷临界条件的研究成为可能。

(3)岩溶塌陷的勘查评价技术。包括地质雷达、浅层地震和电磁波、声波透视(CT)等技术在内的综合物探方法，在地矿部门组织实施的武汉、唐山、湘潭、玉林、桂林、深圳等城市岩溶塌陷勘察中得到了很好的应用。2001年，刘传正等编辑出版了《地质灾害勘查指南》一书，针对不同的灾害类型，系统地提出了勘查技术与方法。

(4)岩溶塌陷灾害管理与风险评估。地理信息系统(GIS)技术已得到广泛应用，中国地质科学院岩溶地质研究所(以下简称岩溶所)从1997年起，结合岩溶塌陷灾害防治工作的特殊性，先后运用GIS技术，开发了桂林、玉林和六盘水三个城市的岩溶塌陷地理信息系统，并对岩溶塌陷灾害风险进行评估。2002年，岩溶所完成了"1：400万全国地面塌陷风险区划"工作。

(5)岩溶塌陷预测。研究表明,岩溶水(气)压力的变化在岩溶塌陷发育过程中具有重要意义。雷明堂等(1993)通过对武汉市岩溶塌陷模型试验,提出岩溶水位下降速率、幅度对塌陷发育有重要影响。何宇彬(1993)认为岩溶水动力是产生塌陷的根本原因。陈国亮等(1994)通过对铁路沿线岩溶塌陷研究,提出诱发塌陷的压强差效应。蒋小珍(1998)通过湘潭、铜陵等市岩溶塌陷的模型试验研究,指出岩溶水压力变化对塌陷具有重要的触发作用,可以以此作为衡量塌陷发育的临界条件,T. M. Tharp(2001)采用数学模型,分析研究了岩溶水水头变化对基岩面上土洞的稳定性的影响。1999 年,在地质行业基金支持下,岩溶所开展了岩溶塌陷时空预报方法研究,提出了基于岩溶塌陷发育机理的系统压力监测方法,并成功地在桂林进行了试验。2000 年,在新一轮地质大调查项目的支持下,岩溶所在广西桂林柘木开展了岩溶塌陷预测预报方法综合研究工作,为深入系统地研究岩溶塌陷打下良好的基础。光纤传感包括 BOTDR(布里渊光时域反射)和 OTDR(光时域反射),最早用于光纤质量的检测,如测量光纤的断点位置、光纤的轴向应变量和光纤损耗等。如果把光纤埋设在岩土体中,岩土体的变形、破坏将会引起光纤发生相应的应变,甚至断点,因此通过测量光纤不同位置的应变量或断点位置,就可以计算出相应位置岩土体的变形量或破坏位置、规模,达到对岩土体变形破坏连续监测的目的。2005 年岩溶所塌陷项目组与上海日本横河公司合作开展了 BOTDR 技术在岩溶塌陷监测预报的室内试验研究工作。

2.4 岩溶隧道面临的主要问题

通过上述文献分析,当前岩溶隧道施工技术在溶洞施工处治工艺和施工方法的研究方面比较丰富。但由于问题的复杂性,溶洞对隧道影响规律的系统研究还不够充分,离解决隧道施工中出现的复杂问题尚有一定差距。

2.4.1 岩溶隧道的定义

岩溶,又称喀斯特,主要是指水对可溶岩岩石——碳酸盐岩(石灰石、白云岩等)、硫酸盐岩(石膏等)和卤化物岩(岩盐等)的溶解作用,及其形成的地标及地下的各种奇异的景观与现象。在岩溶作用过程中,经常伴随地表侵蚀、地下潜蚀、冲蚀、崩塌与滑动,以及化学与物理的风化、搬运、堆积及沉积等作用,因而产生沟槽、裂隙和空洞,以及由于空洞的顶部塌落使地表产生陷穴、洼地等现象。岩溶作为一种不良地质病害,广泛分布在美国、中国、法国、南斯拉夫、德国、俄罗斯、英国等国家,给地下工程施工带来一定的困难和工程风险。

一般来说,岩溶隧道是穿越岩溶不良地质的隧道。由于溶蚀的形成、位置、塌陷作用的不同,岩溶个体形态、大小也不同。建造在岩体中的隧道工程,主要遇到的是处于岩体中发育程度不同的岩溶裂隙和空洞。其中,对隧道施工影响最大的是处于隧道围岩中具有一定规模和尺度的岩溶空洞。因此,在本书研究中所提到的岩溶主要是指处于隧道围岩之中,对隧道的施工和运营产生影响,且具有一定规模的岩溶空洞,简称为溶洞,并将处于此类地质条件下的隧道称为岩溶隧道。

2.4.2 岩溶对隧道的影响

按照溶洞的形态大小不同,可将溶洞分为洞穴型、裂隙型、管道型和大型溶洞。按照溶洞的充填特征不同,可将溶洞分为充填型溶洞、半充填型溶洞和无充填型溶洞(又称"干溶洞");其中充填型和半充填型溶洞又可分为充填黏土型、充填淤泥型、充填粉细砂型、充填块石土型和充水型溶洞。发生突水、突泥灾害一般是由充填型、半充填型溶洞引起;干溶洞虽然不会引发突水、突泥灾害,但是当隧道穿越其影响范围时,常会引起隧道结构的失稳变形。

岩溶对隧道的影响归纳起来主要是岩溶水的危害、岩溶洞穴及其充填物等方面的危害。一方面,隧道围岩范围内岩溶水的存在使得隧道工程地质和水文地质条件发生变化,造成围岩强度降低,渗透水压力增加,而岩溶水最直接的表现在于其易造成隧道的涌水、突泥等;另一方面,隧道围岩中溶洞的存在使得围岩物理、力学性质发生变化,进而引起隧道地层刚度和应力场的变化。

2.4.3 岩溶隧道施工中存在的问题

在隧道施工过程中,溶洞使得隧道的施工力学动态更为复杂,易造成围岩中应力的过度集中,隧道周边变形量增加,并可能引起隧道开挖中局部围岩的坍塌、掉块,影响隧道施工,直接危及施工人员和机械设备的安全。若溶洞中存在岩溶水或填充物等,施工过程中常发生的突水、突泥等工程灾害,危及隧道施工的安全,影响隧道施工的进度,一旦施工措施不当,常会使隧道建成后运营环境恶劣,地表环境恶化,给人们的生产和生活造成重大损失。

当前溶洞对隧道工程影响的研究:一是有关岩溶区隧道影响范围内岩溶的探测问题;二是研究岩溶隧道灾害的超前预报、灾害的处理措施和岩溶隧道的施工方法等;三是研究不同形态和尺度溶洞引起的隧道稳定性问题,主要研究不同规模、位置的溶洞对隧道位移场、应力场和隧道支护结构内力变化的影响及对隧道施工动态的影响。这几个方面是相互联系、相互促进的。由此可见岩溶隧道相关问题的复杂性。一般岩溶隧道施工中存在的问题如下:

(1)由于勘测手段的限制,加上目前处于高速铁路建设高峰的时期,设计单位不可能在设计时有非常准确的地质资料,所以岩溶地质不一定非常详尽,因此导致在施工中不能提前预知,从而给施工带来困难。

(2)在设计图中能预知岩溶地段,但岩溶的具体形态、位置也有可能与实际不一致,从而造成施工措施不到位而引起的问题。

(3)设计与实际岩溶有较大差别造成的岩溶突泥、涌水等灾害问题。
(4)施工中由于施工方法不当引起的问题。

2.5 创新点

本研究取得的成果主要分为以下 5 个方面：
(1)岩溶塌陷宏观分布规律。
(2)岩溶塌陷的机理研究。
(3)岩溶塌陷的勘查评价技术。
(4)岩溶塌陷灾害管理与风险评估。
(5)岩溶塌陷整治技术研究。

2.6 本章小结

(1)岩溶，国外称为 Karst(音译为喀斯特)，原为 Kras，即石头的意思。它是斯洛文尼亚境内伊斯特里亚半岛(Istria Peninsula)上一个有石灰岩分布的地方的地名。我国地势总体呈现"西高东低，阶梯状分布"的特征：第一阶梯以青藏高原为主；第二阶梯主要为西北的三山夹两盆、中部的黄土高原、西南的四川盆地和云贵高原；第三阶梯以平原丘陵为主，有黄淮平原、长江中下游平原、丘陵等。

(2)可溶性岩石是岩溶发育的必备条件。可溶性岩石按它们溶于水的程度又可分为难溶于水的、中等溶于水的和易溶于水的三种。此外，岩溶的发育与地质构造、岩层等因素有着密切的关系。

(3)岩溶按照埋藏条件的不同可以分为：裸露型岩溶、覆盖型岩溶、埋藏型岩溶，不同类型的岩溶对铁路路基的影响效果不同，应采用不同的整治措施。

(4)岩溶塌陷地质灾害已经逐步引起人们的重视，无论在国内还是国外都成为了研究热点之一。

第三章 高铁岩溶隧道的数值模拟

3.1 有限元法

有限元法是人们在20世纪50年代起源于航空工程中飞机结构的矩阵分析。矩阵结构分析认为一个结构可以看作是由有限个力学小单元互相连接组成的集合体,表征单元力学特性刚度矩阵可以比喻为建筑中的砖,装配在一起就能提供整个结构的力学特性。如果单元满足问题的收敛要求,那么随着单元尺寸的缩小,增加求解单元区域内的单元的数目,解得近似程度将不断改进,近似解最终将收敛于精确解。

有限元法从20世纪50年代至今,经过几十年的发展,不断开拓新的应用领域,其范围已经由杆件结构问题扩展到弹性力学乃至塑性力学问题,由平面问题扩展到空间问题,由静力学问题扩展到动力学问题和稳定性问题,由固体力学问题扩展到流体力学、热力学和电磁学等问题。

3.2 有限元数值模拟计算

3.2.1 力学模型和参数

本书计算中选择了单线隧道工程中一般的岩溶隧道断面,隐伏溶洞轴线与隧道平行,在形状和大小上选择根据有限元单元的网格划分选择,与施工中一般的溶洞尺寸相近。溶洞位置设置在拱部和边墙角各一个。根据宋占平的研究,溶洞力学模型"空场力学模型"和"隧道力学模型"在数值分析上,溶洞拱顶120°以下围岩中应力的差别较小,在1.2倍洞径之外,最大、最小主应力的差别将小于5%,其对主应力方向的影响将小于1°,即两种力学模型所得到的围岩应力基本相同,本书选择隧道力学模型模拟溶洞。

数值分析方法中将隐伏溶洞对隧道施工影响问题简化为平面应变问题,将岩体抽象为连续介质。初支采用平面单元,二衬为钢筋混凝土结构,采用梁单元,将其视为弹性介质。围岩材料采用弹塑性本构模,设置为DP材料,计算使用连续介质力学模型。

隧道围岩和支护结构的物理力学参数,根据目前隧道设计中围岩参数选取是以围岩类别划分为基础的实际情况以及勘察设计中的资料和实际施工中的情况而定。隧道采用新奥法施工,隧道开挖使用全断面开挖方法。现将其各种相关物理力学参数列于表 3-1。

表 3-1 模型围岩技术参数

技术参数	容重 γ (kN/m³)	弹性模量 E (GPa)	泊松比 μ	内聚力 C (MPa)	内摩擦角 (°)
围 岩	2.2	1.8	0.32	0.4	55
岩溶洞室围岩	1.5	0.008	0.35	0.016	45
岩溶洞室加固围岩	1.8	0.3	0.3	0.025	40
初期支护	2.3	23	0.25	—	—
二次衬砌	2.5	31	0.2	—	—

3.2.2 有限元模型

隧道分析范围,水平方向 120m,竖直方向 80m,隧道横断面跨度为 7.5m,高度为 8.5m,溶洞形状和大小上选择根据有限元单元的网格划分选择,两溶洞面积均约为 2m²。

计算分为四种工况:无溶洞、溶洞拱腰处、溶洞处于边墙角处、在拱腰与边墙角同时各有一个溶洞,溶洞距离隧道相同。通过 ANSYS 将几何模型网格划分后生成有限元模型,其模型结构如图 3-1~图 3-5 所示。

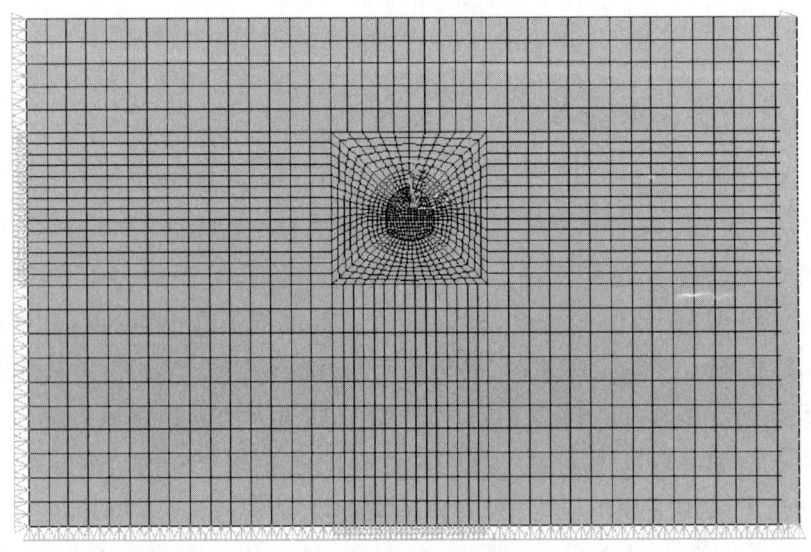

图 3-1 有限元模型

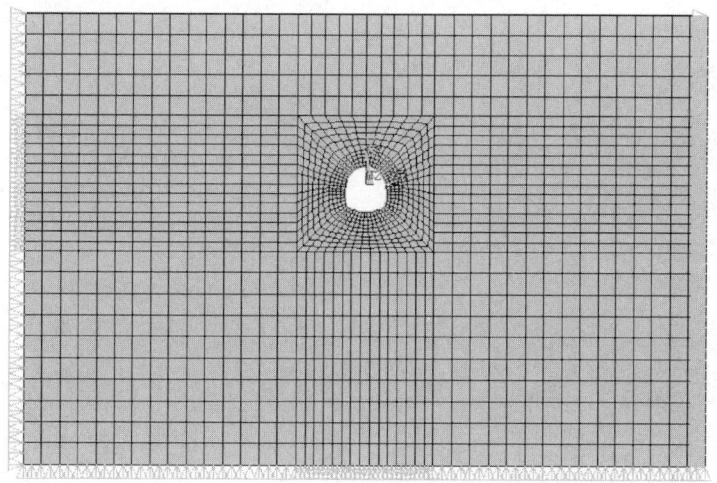

图 3-2 无溶洞

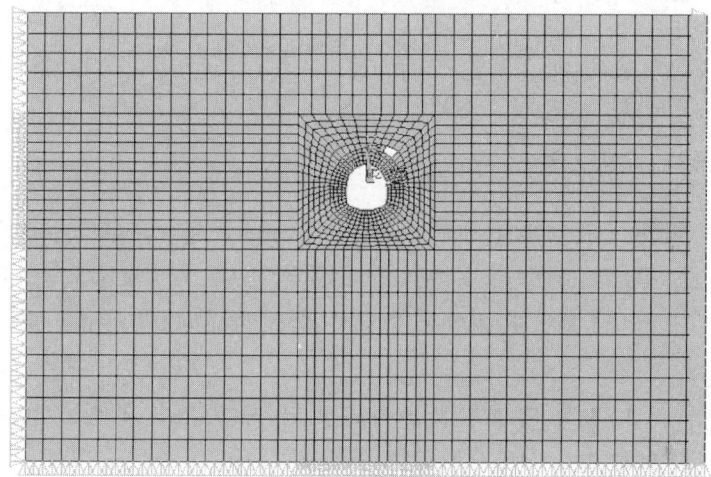

图 3-3 溶洞在拱腰处

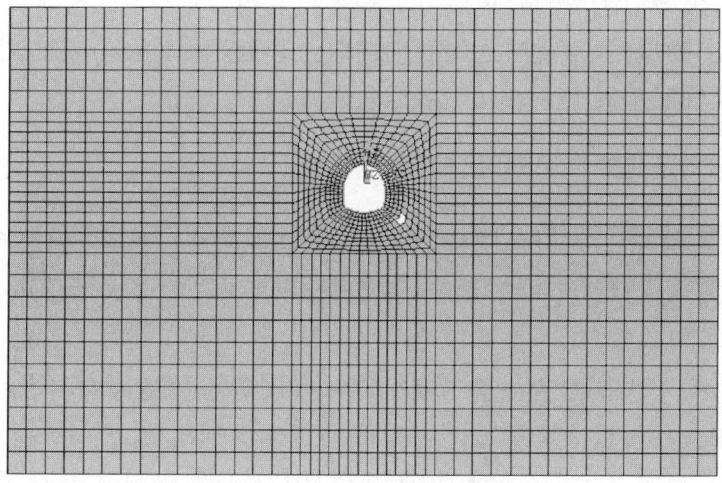

图 3-4 溶洞在边墙角处

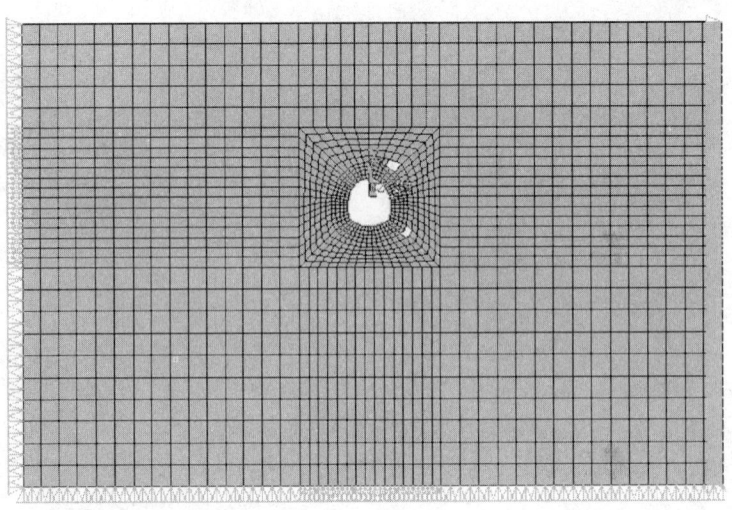

图 3-5 两个溶洞

3.2.3 计算结果分析

3.2.3.1 溶洞对地应力影响

模拟计算中初始地应力采用重力场。从图 3-6~图 3-9 的(a)中比较 x 方向的应力,可知在同样高程位置,溶洞的存在使其附近围岩地应力出现拉应力,拉应力出现在溶洞附近的软弱围岩中,溶洞形状尖锐处应力集中非常明显,这与隧道开挖后形成围岩应力有相似之处。

从图 3-6~图 3-9 的(b)中比较 y 方向应力,溶洞周围软弱围岩中拉应力更大,埋深的增加对应力有一定的影响,但由于上下两个溶洞同时存在时,出现的最大拉应力反而相对于只有边墙角处有溶洞时有所减小。

从图中看出,模拟中的溶洞对地应力影响半径大约为自身长或宽的 3 倍。图 3-9 中两溶洞的间距约为隧道高,两溶洞之间的围岩应力降低,这时溶洞产生,围岩出现松弛,并有应力释放,但这同时却极大地增加了溶洞软弱围岩的拉应力。

3.2.3.2 溶洞及其处理后对隧道施工的影响

施工工序为首先全断面开挖,施作初支,再进行溶洞加固处理,最后施作二衬。各工况中溶洞位置和数量不同,施工中相应的初支、二衬的应力和内力受到相应的影响。

1. 刚施作完初衬时

图 3-10~图 3-13 的最大主应力图(a)中,可以看出在隧道仰拱和边墙角相交出现最大拉应力,在相交处附近边墙角边外侧和仰拱外侧出现压应力,仰拱中部和拱顶、拱腰处拉应力并不大。溶洞处在拱腰处产生的最大主应力与无溶洞时相近,而当隧道边墙角出现溶洞时,最大主应力则增大为原来的 2 倍。

(a) x方向应力

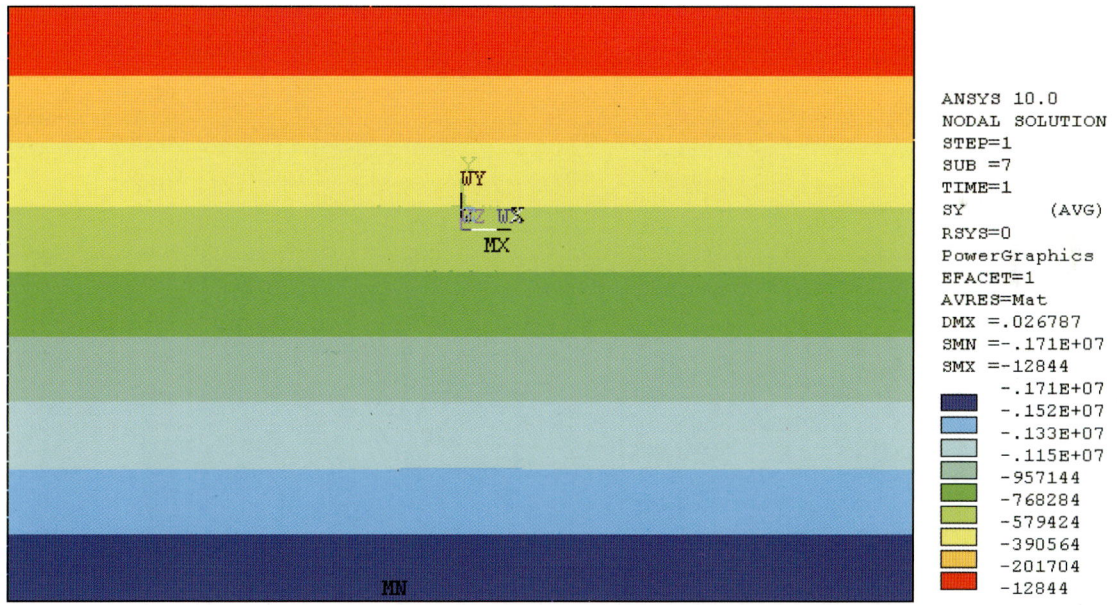

(b) y方向应力

图 3-6 无溶洞时地应力

(a) x 方向应力

(b) y 方向应力

图 3-7　溶洞在隧道开挖轮廓拱腰处时地应力

(a) x 方向应力

(b) y 方向应力

图 3-8　溶洞在隧道开挖轮廓边墙角处时地应力

(a) x 方向应力

(b) y 方向应力

图 3-9　溶洞在隧道开挖轮廓拱腰和边墙角处时地应力

图 3-10~图 3-13 的最小主应力图(b)中,最小压应力均出现在仰拱中部。溶洞在拱腰处时相较于在边墙角处时初期支护上最小压应力大,而相较于无溶洞时则小。边墙角与拱腰都有溶洞时,最小压应力为在两种情况单独出现时的中间值。初期支护上的最大压应力则相反,最大压应力出现在边墙角。

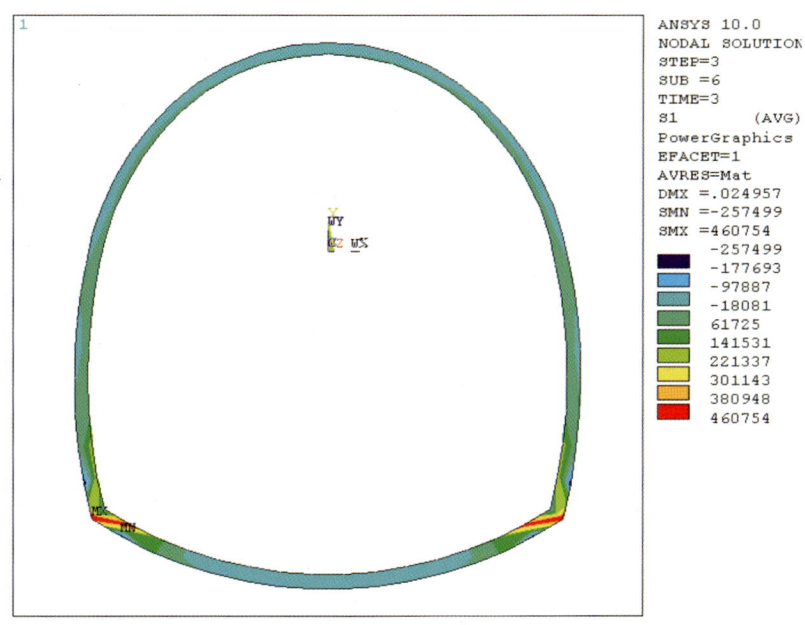

(a) 最大主应力

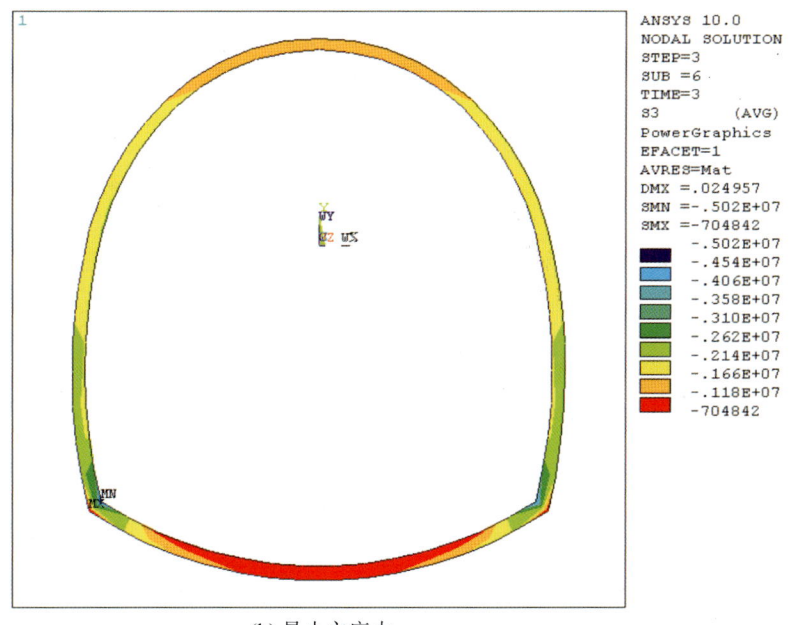

(b) 最小主应力

图 3-10　无溶洞时只做初支时

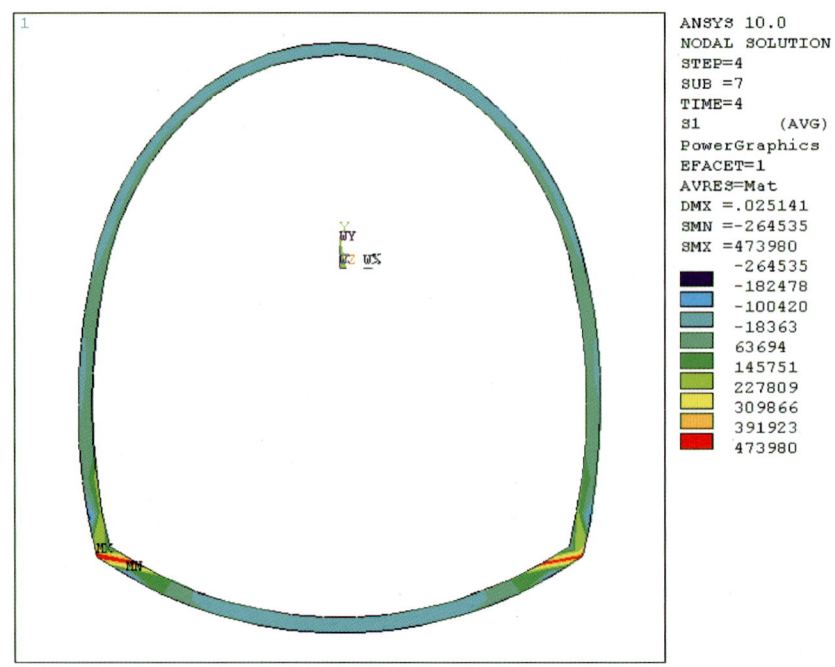

(a) 最大主应力

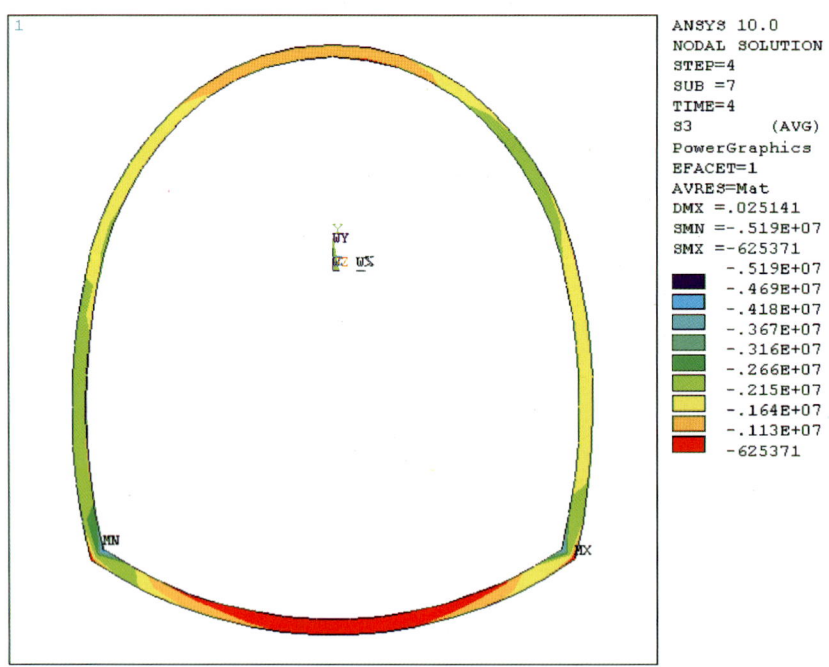

(b) 最小主应力

图 3-11 溶洞在拱腰处隧道初支时

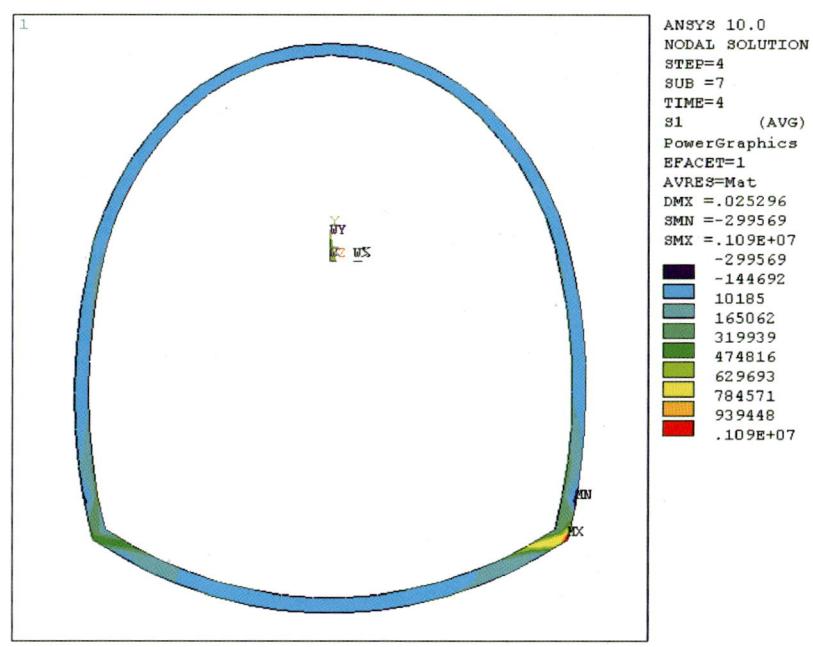

(a) 最大主应力

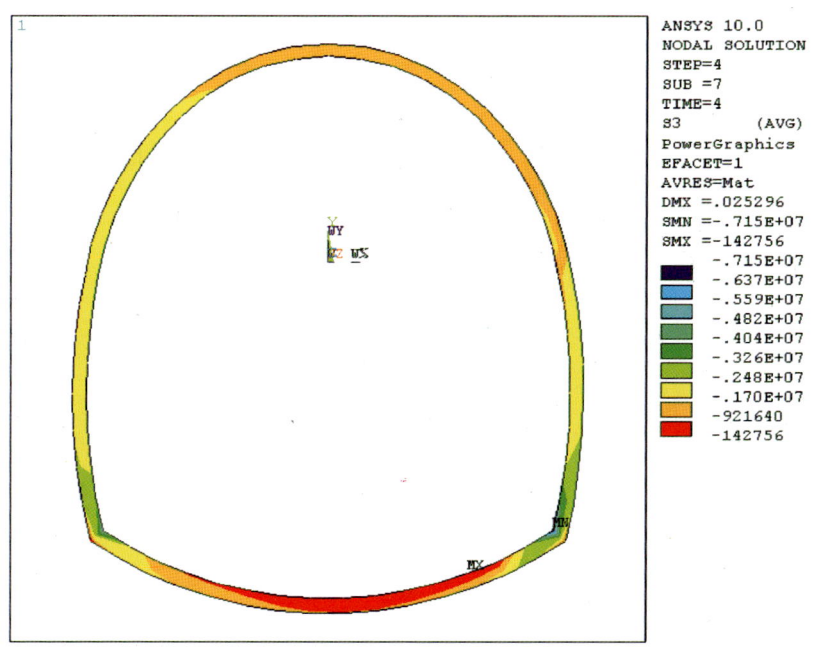

(b) 最小主应力

图 3-12 溶洞在边墙角处

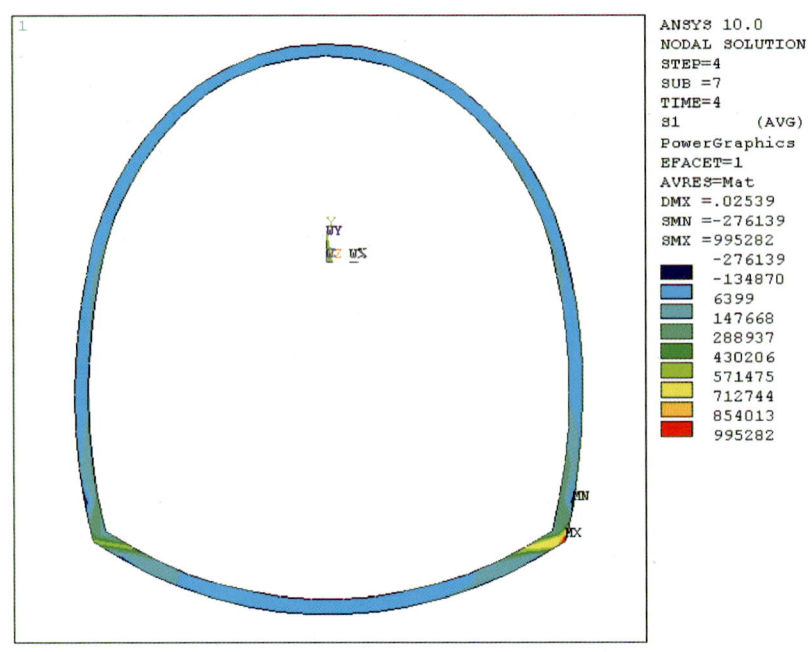

(a) 最大主应力

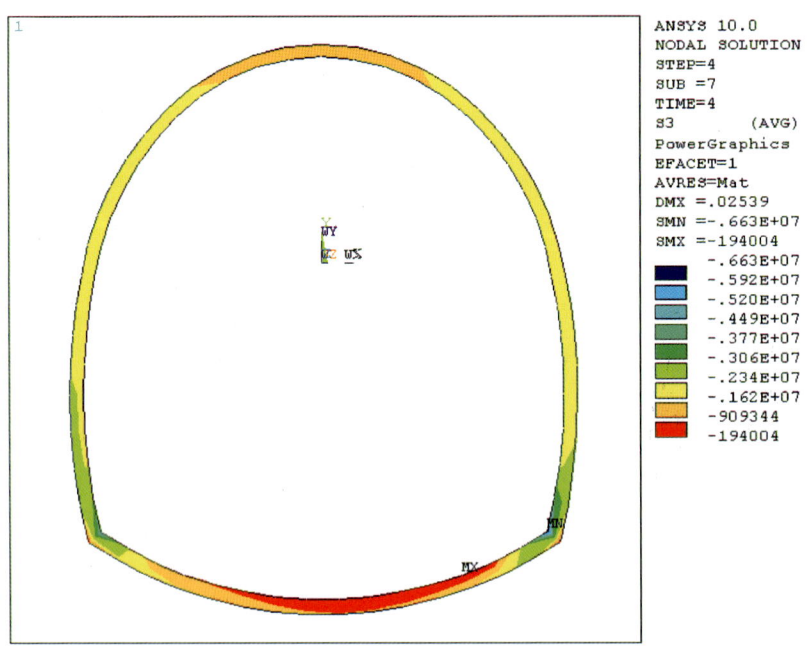

(b) 最小主应力

图 3-13 溶洞在拱腰和边墙角处

2. 溶洞处理后初衬应力

图 3-14～图 3-16 及图 3-10 中最大拉应力相比较可以看出,除拱腰处有溶洞情况外,最大拉应力都有减小,而最大压应力均有所减小。其中对边墙角处溶洞的加固使得初期支护的最大应力都小于无溶洞情况下。

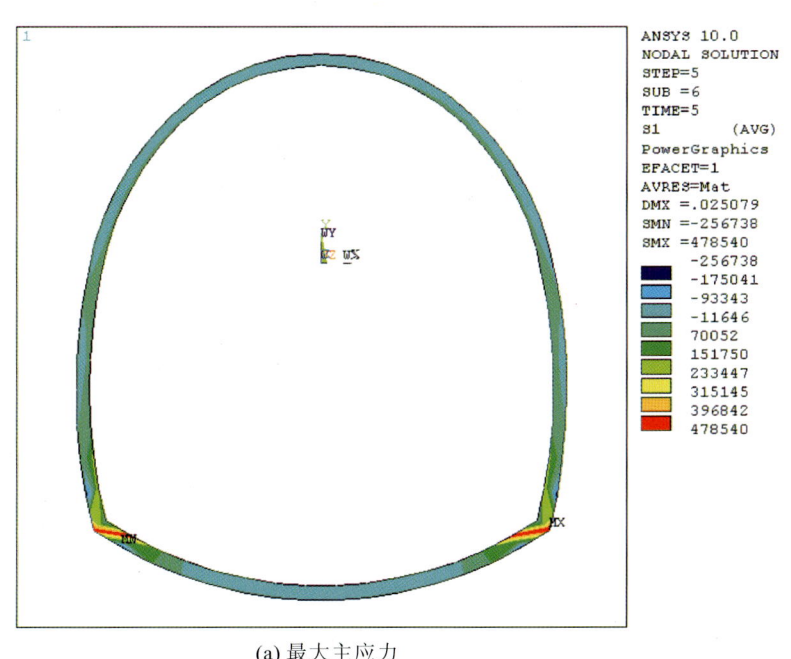

(a) 最大主应力

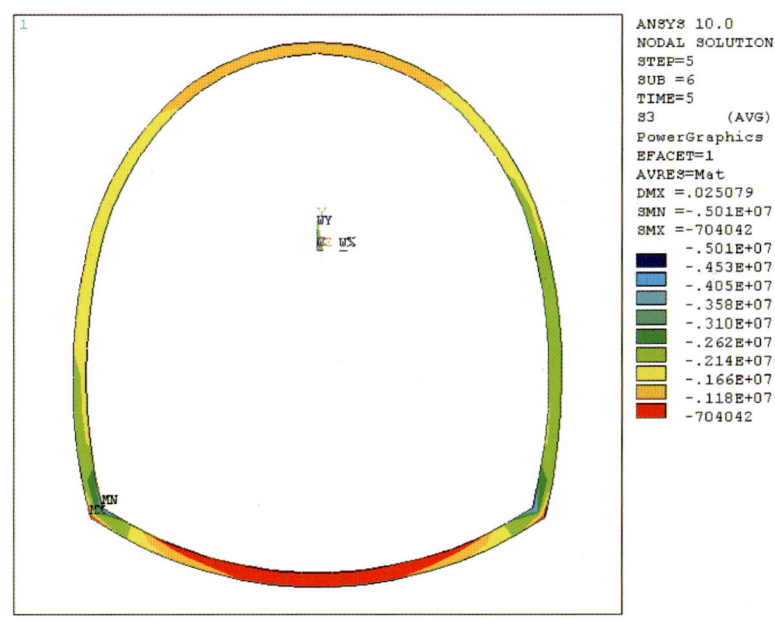

(b) 最小主应力

图 3-14　溶洞在拱腰处

图 3-14～图 3-16 与图 3-11～图 3-13 对应相比较，溶洞加固后，初期支护处的应力分布改善明显，最大最小应力减小，特别是在边墙处有溶洞时改善最为明显，最大拉应力减小 50%，最大压应力也将近 30%。

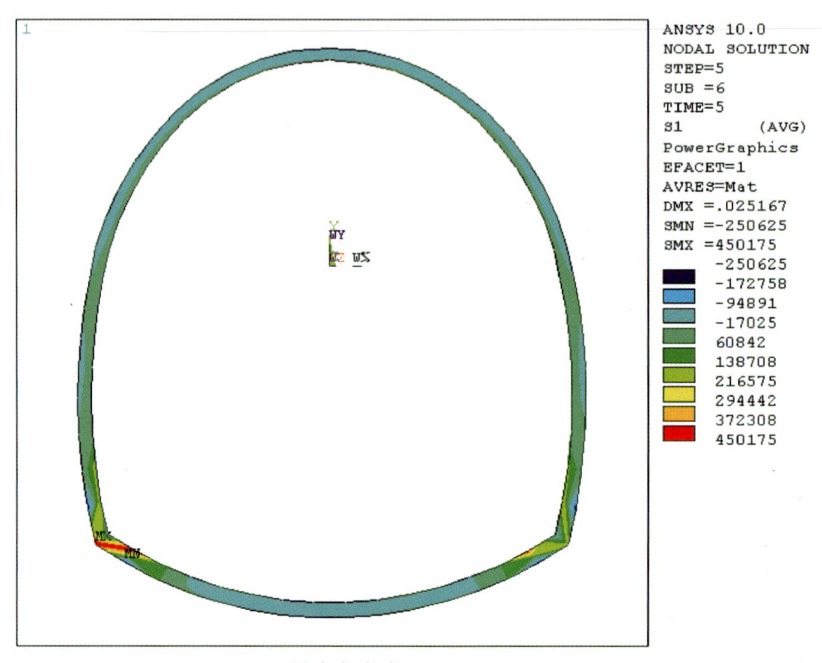

(a) 最大主应力

(b) 最小主应力

图 3-15　溶洞在边墙角处

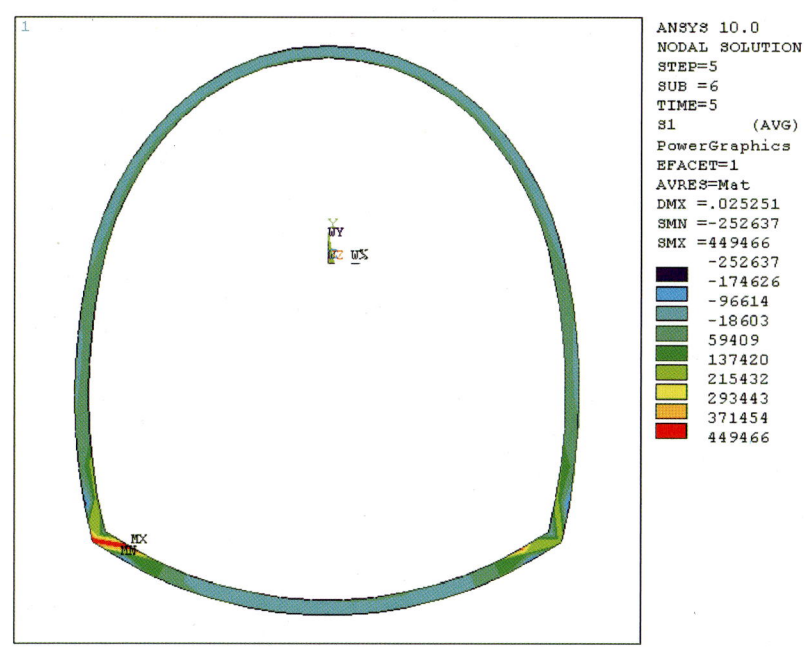

(a) 最大主应力

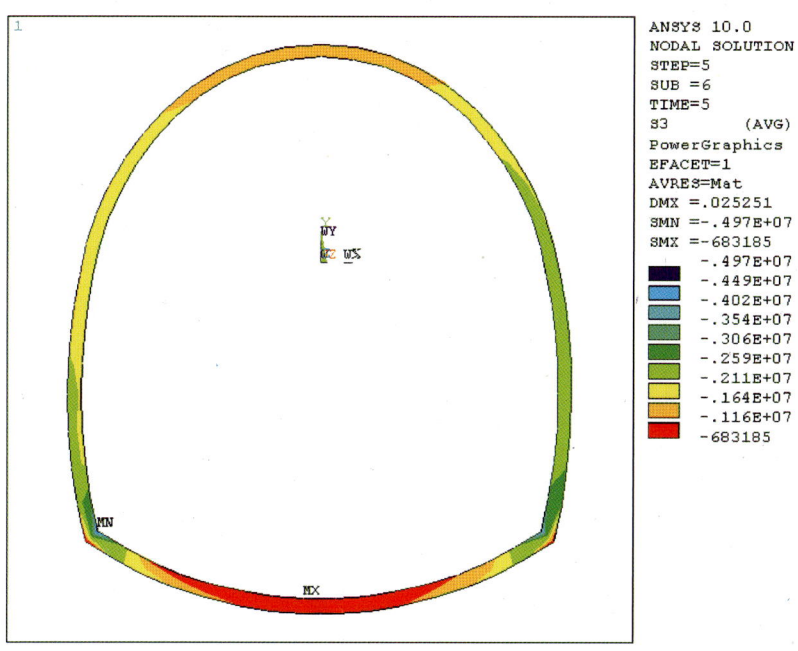

(b) 最小主应力

图 3-16 溶洞在拱腰和边墙角处

3. 二衬施工后初衬应力和内力

图 3-17～图 3-20 的(b)中,仰拱中部均出现压应力最小,最大压应力在边墙角处,并且最大压应力值几乎相等。其图(a)中也可以看出,最大拉应力几乎相等。这是由于围岩应力释放已基本完成,同时二衬也已经施工,初期支护已基本稳定。

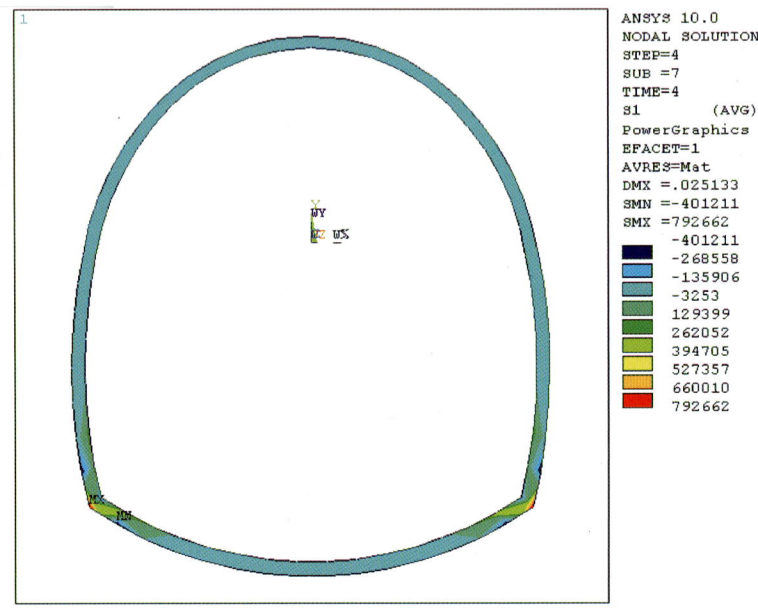

(a) 最大主应力

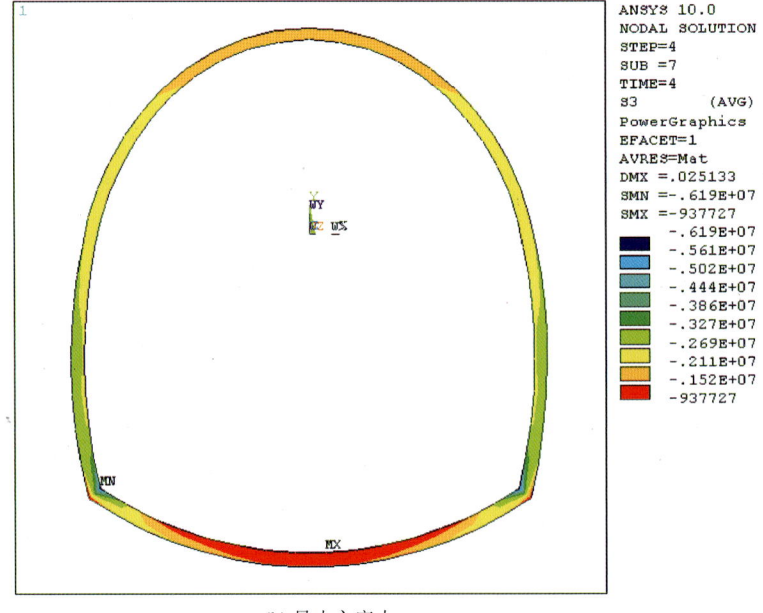

(b) 最小主应力

图 3-17 没有溶洞

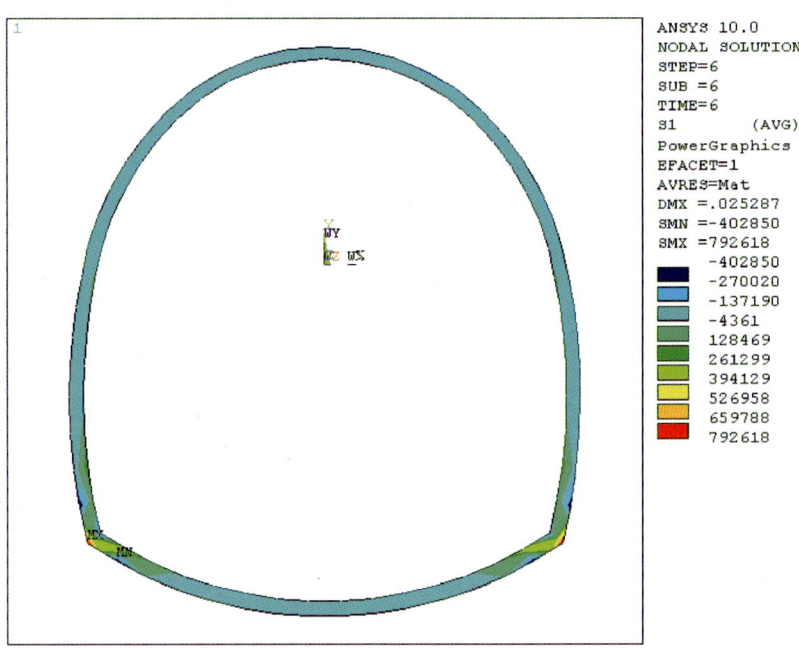

(a) 最大主应力

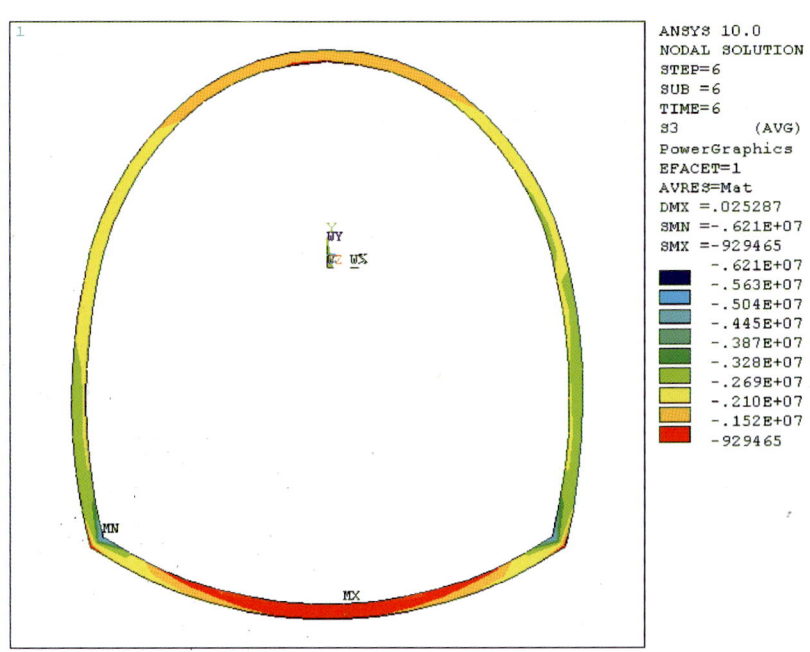

(b) 最小主应力

图 3-18 溶洞在拱腰处

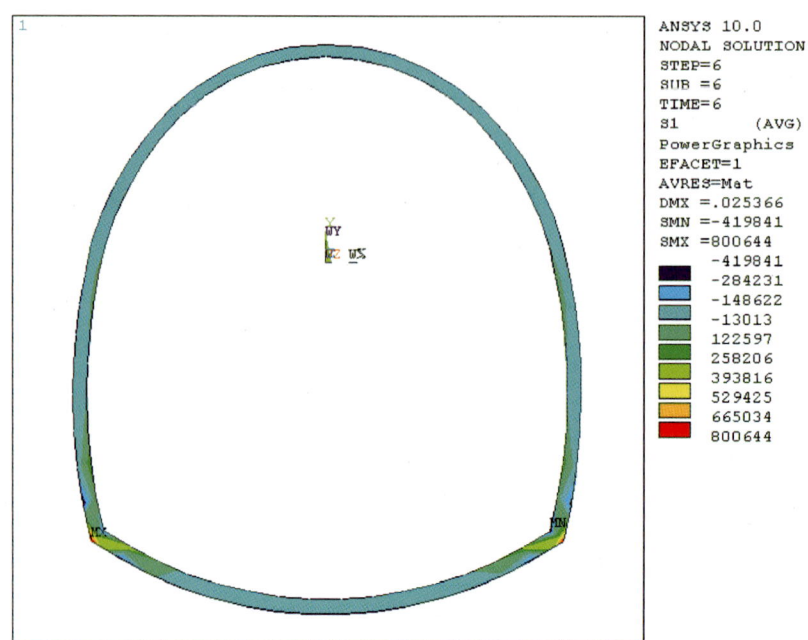

(a) 最大主应力

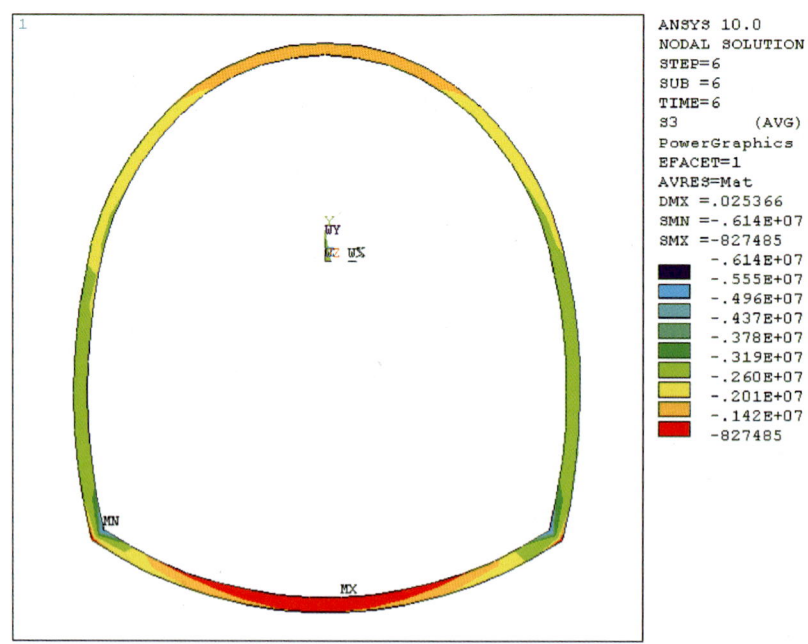

(b) 最小主应力

图 3-19 溶洞在边墙角处

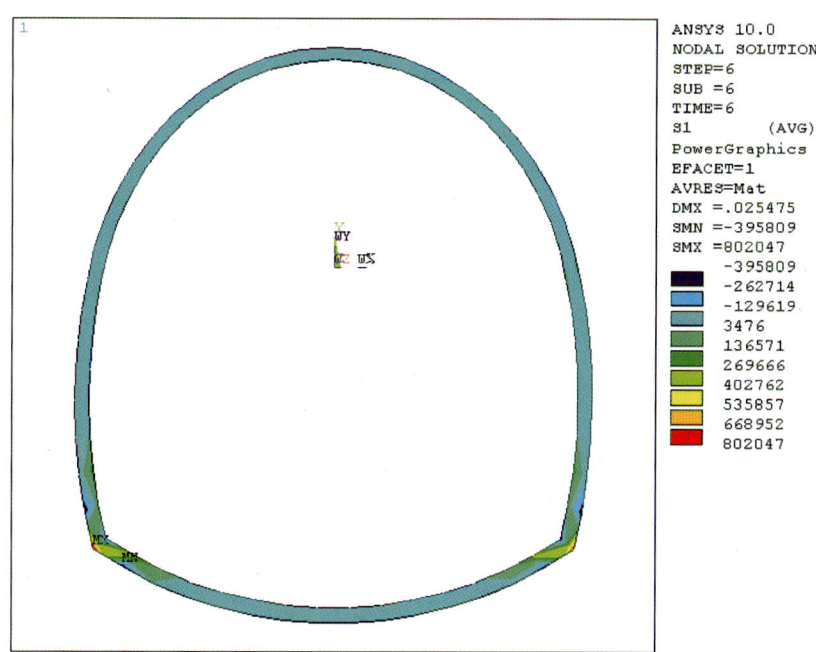

(a) 最大主应力

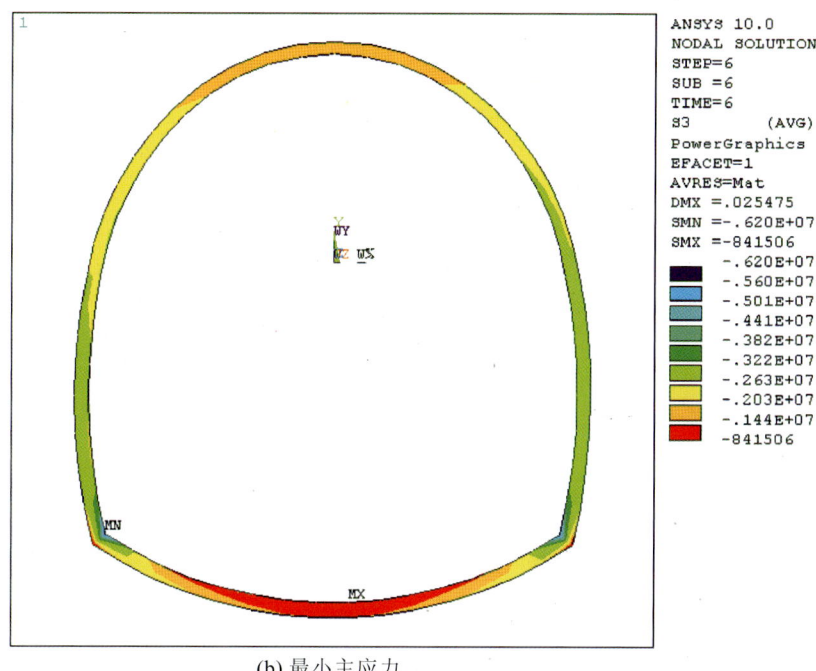

(b) 最小主应力

图 3-20 溶洞在拱腰和边墙角处

在图 3-21～图 3-24 中，最小轴力出现在仰拱中部，最大轴力仍然在边墙角处，衬砌轴力分布在有溶洞的一侧略大，轴力最大和最小值几乎相等，这与应力分布情况一致。弯矩的分布情况也相似。这是由于围岩应力释放已基本完成，同时二衬也已经施工，初期支护已基本稳定。

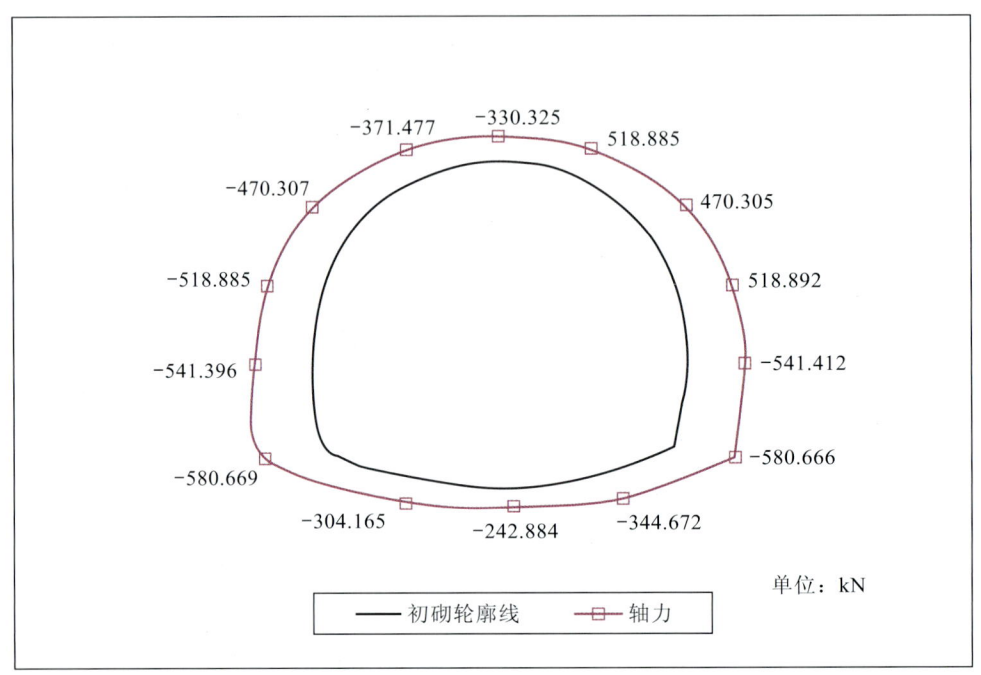

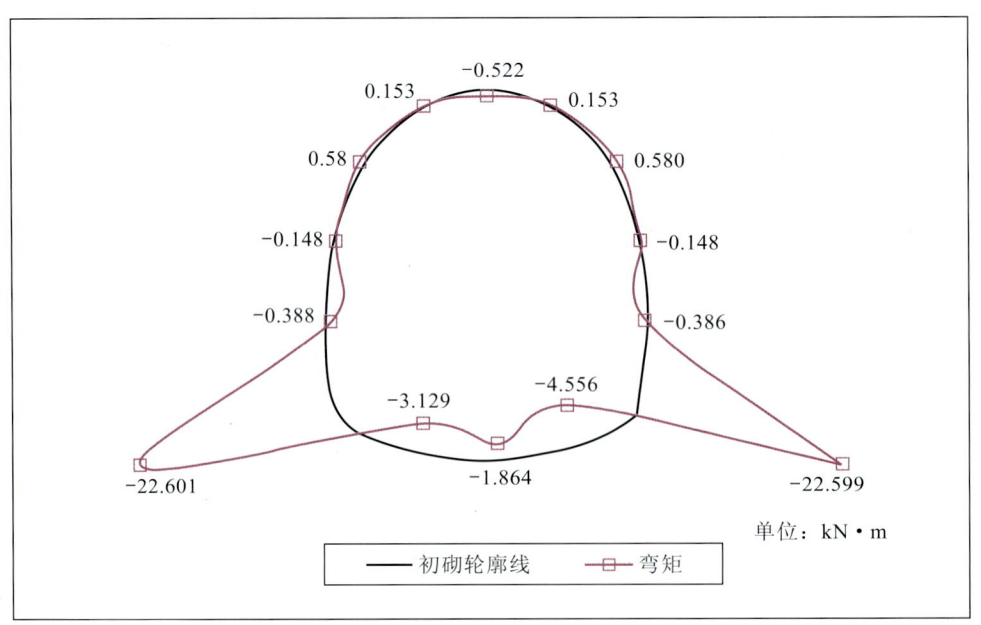

图 3-21 无溶洞

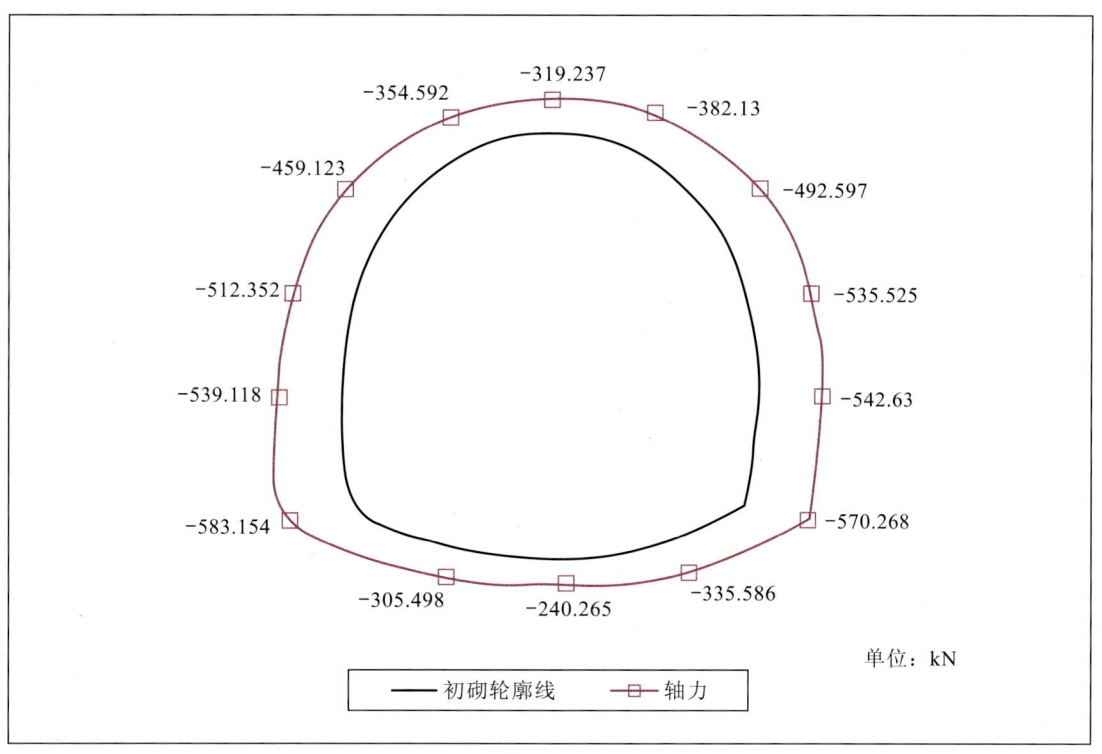

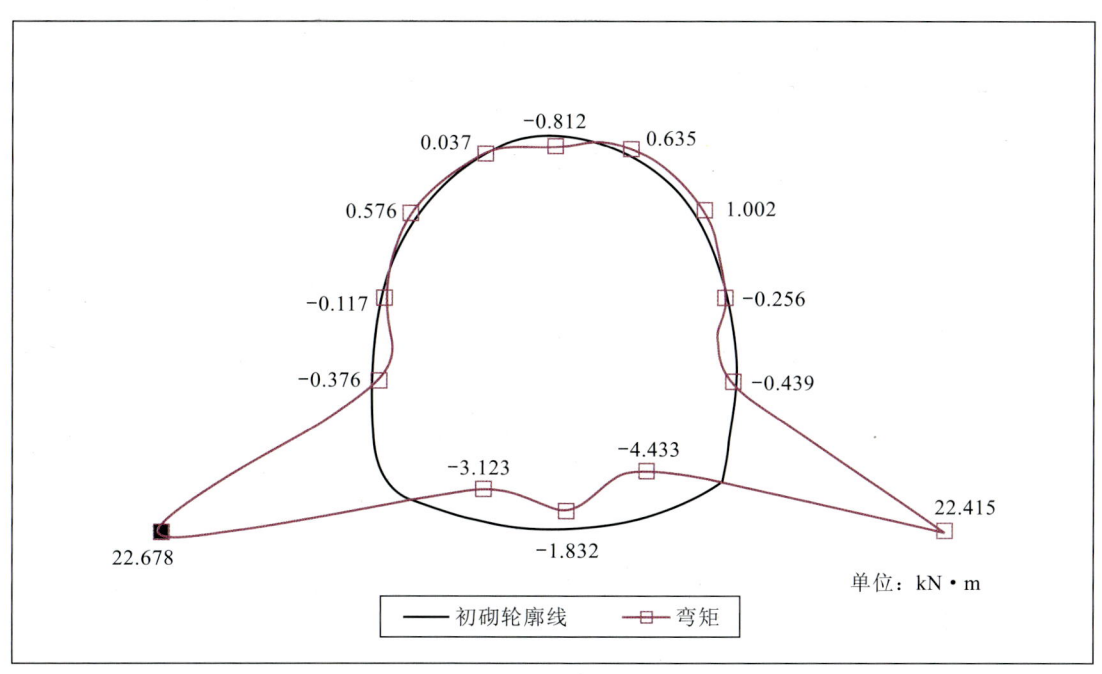

图 3-22 溶洞在拱腰

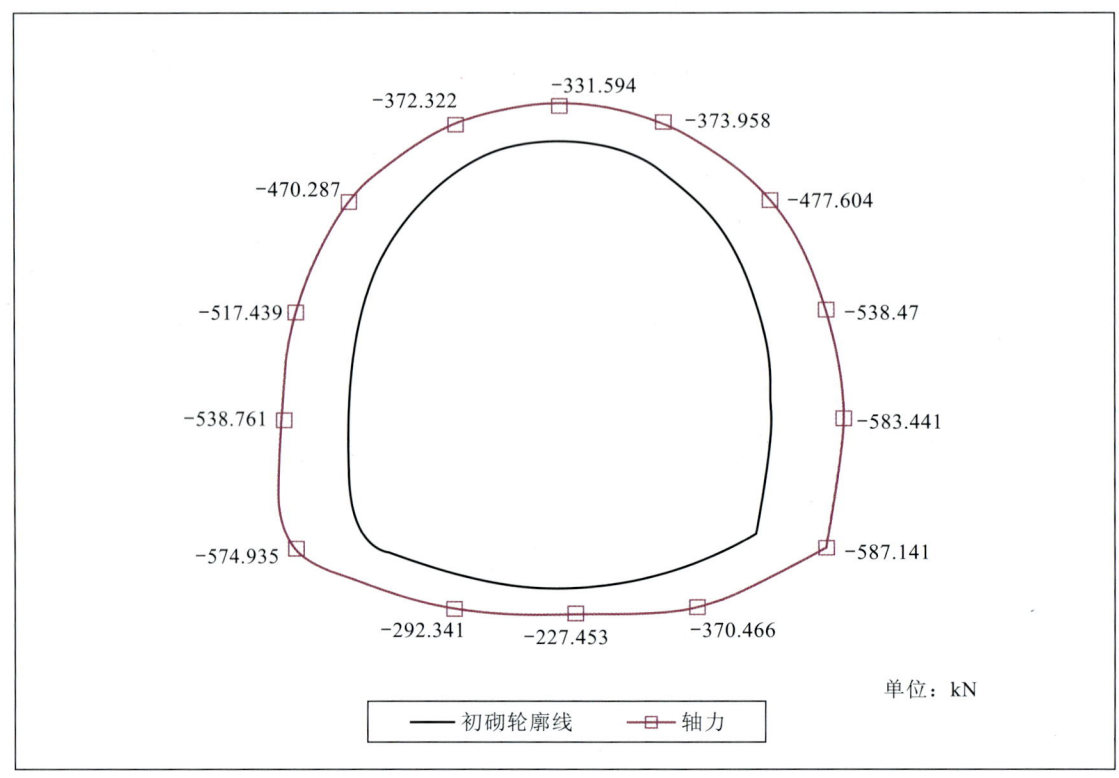

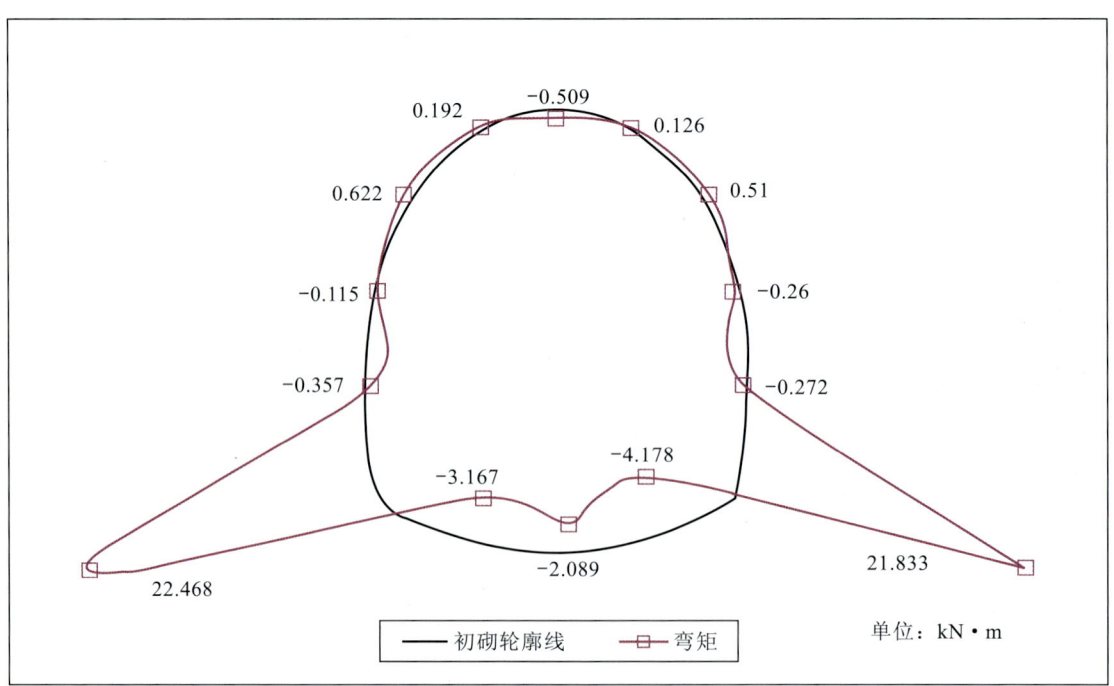

图 3-23 溶洞在边墙角处

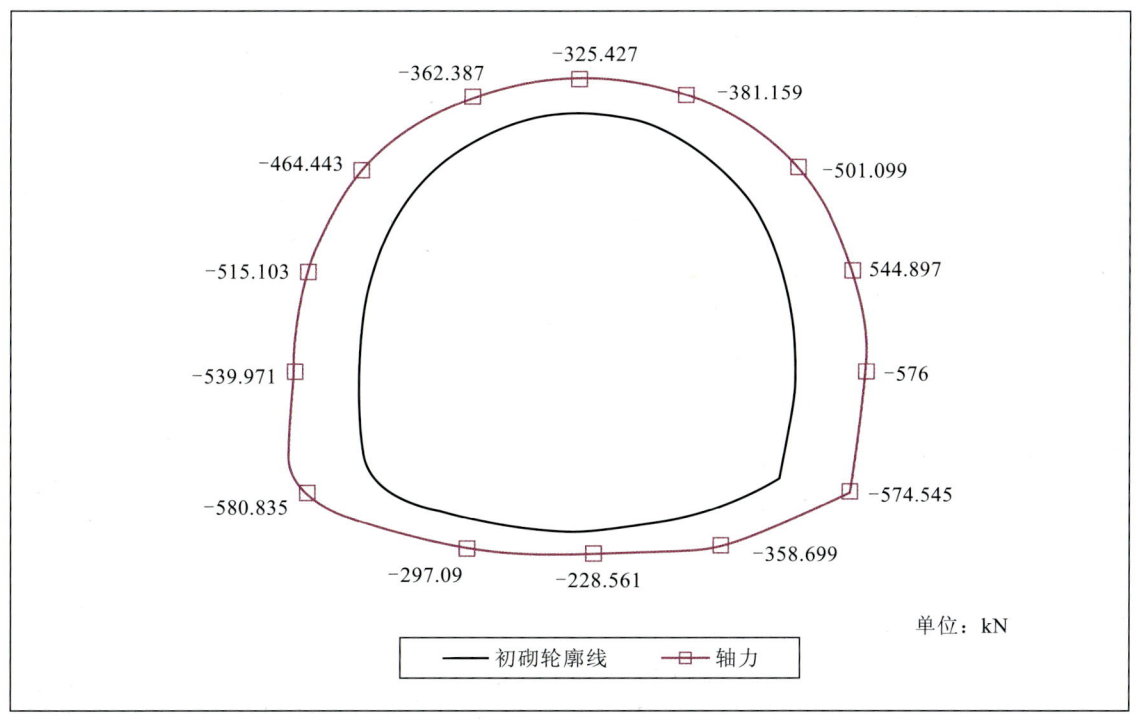

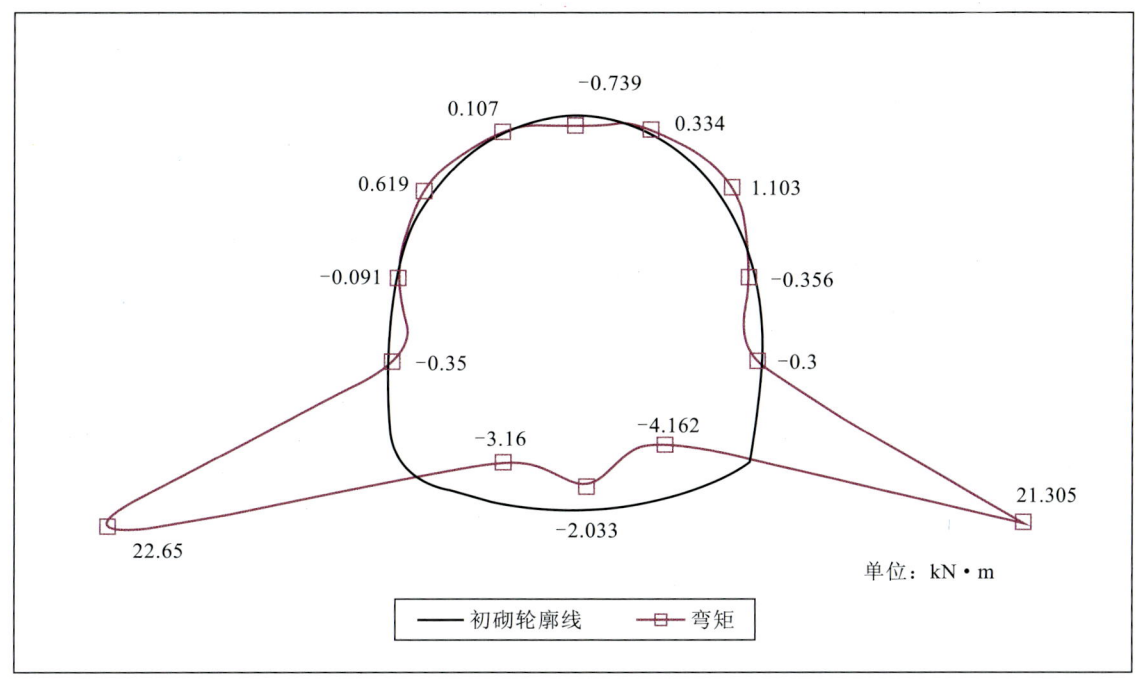

图 3-24　溶洞在拱腰和边墙角处

4. 施工结束后二衬内力

图 3-25～图 3-28 的轴力图中看出,在溶洞存在的区域,二衬相应的近接处衬砌段轴力会明显增加,同时最大压应力也增加。最大压应力均出现在边墙角处,最小压应力在仰拱中部。图 3-26～图 3-28 由于溶洞使得衬砌受偏压,使局部压应力明显增大。

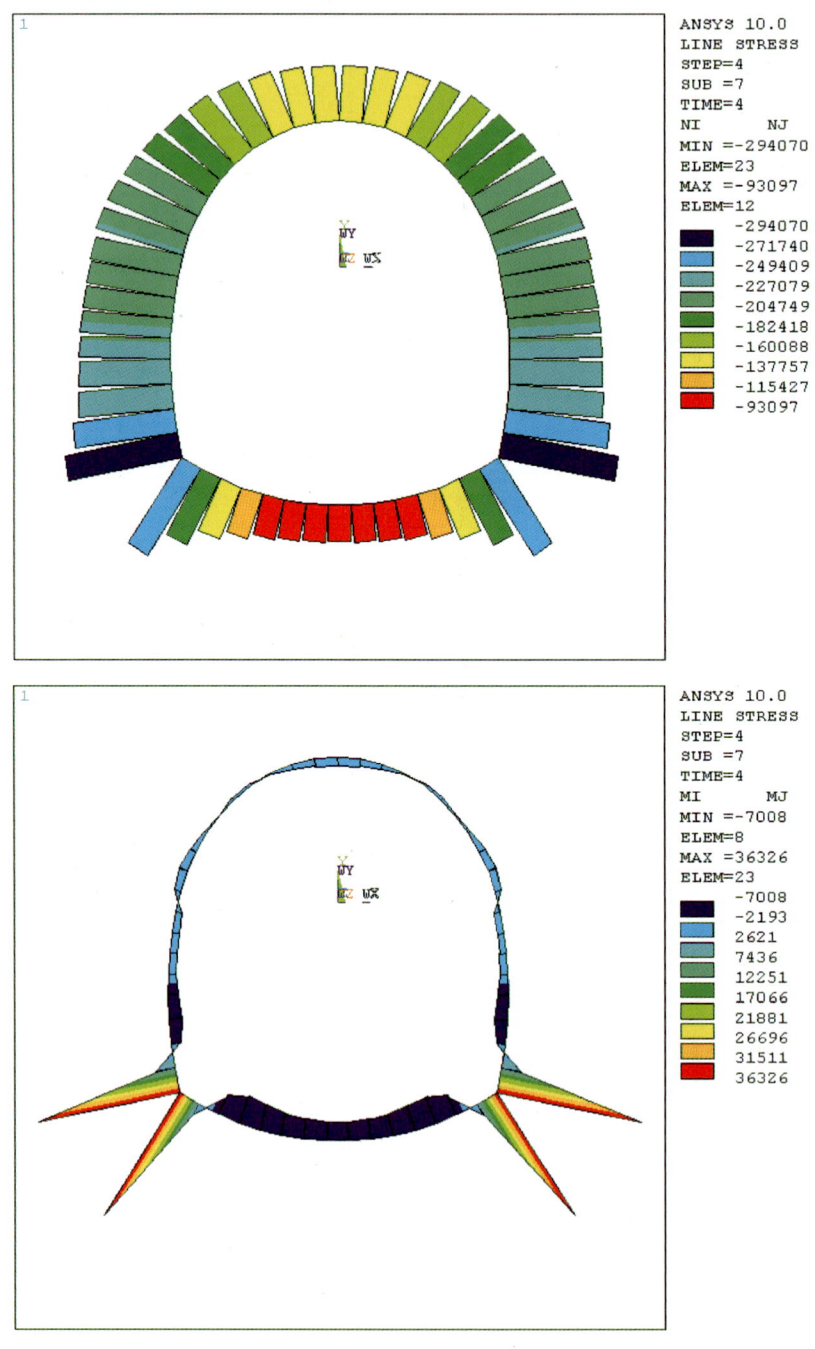

图 3-25 没有溶洞时

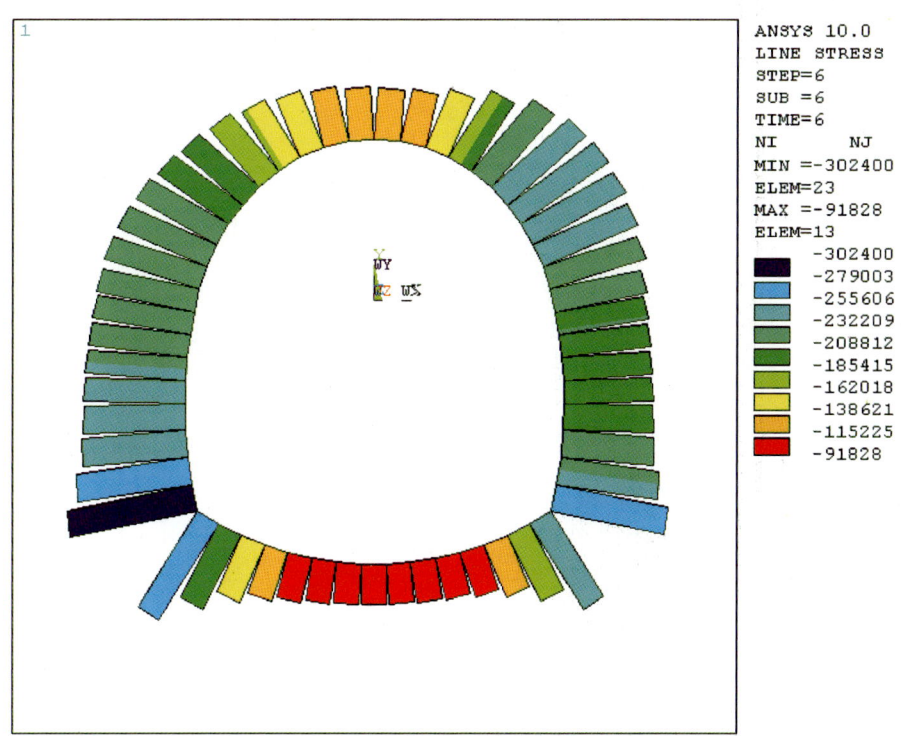

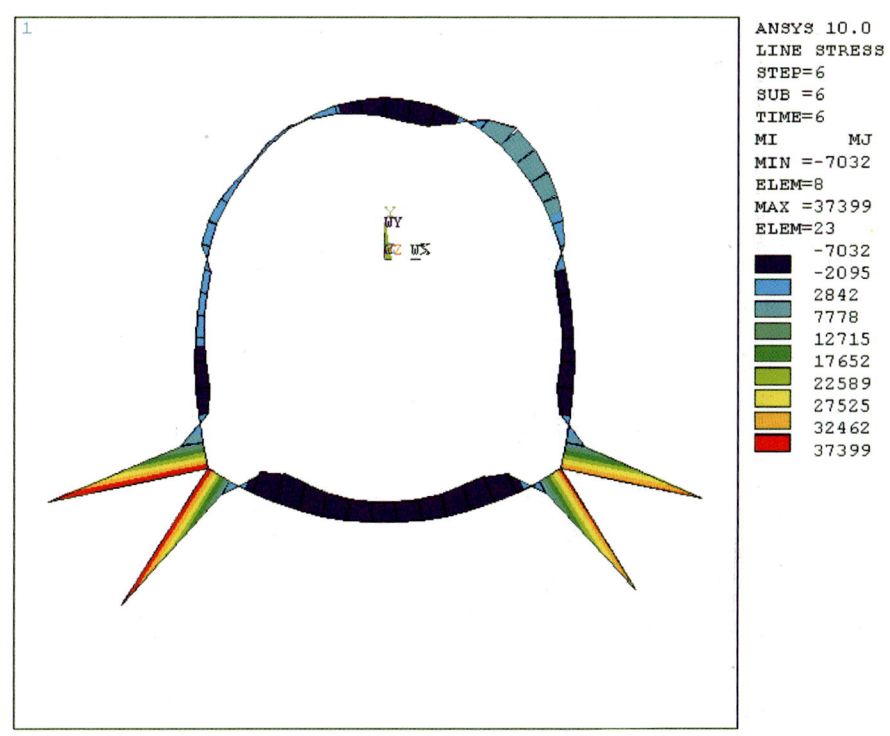

图 3-26 溶洞在拱腰处

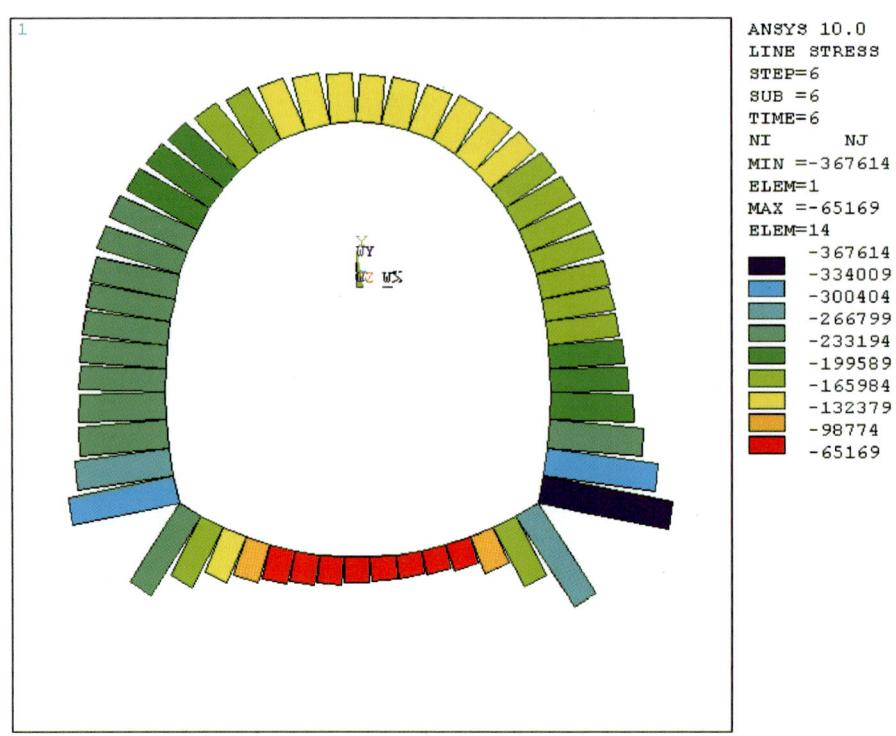

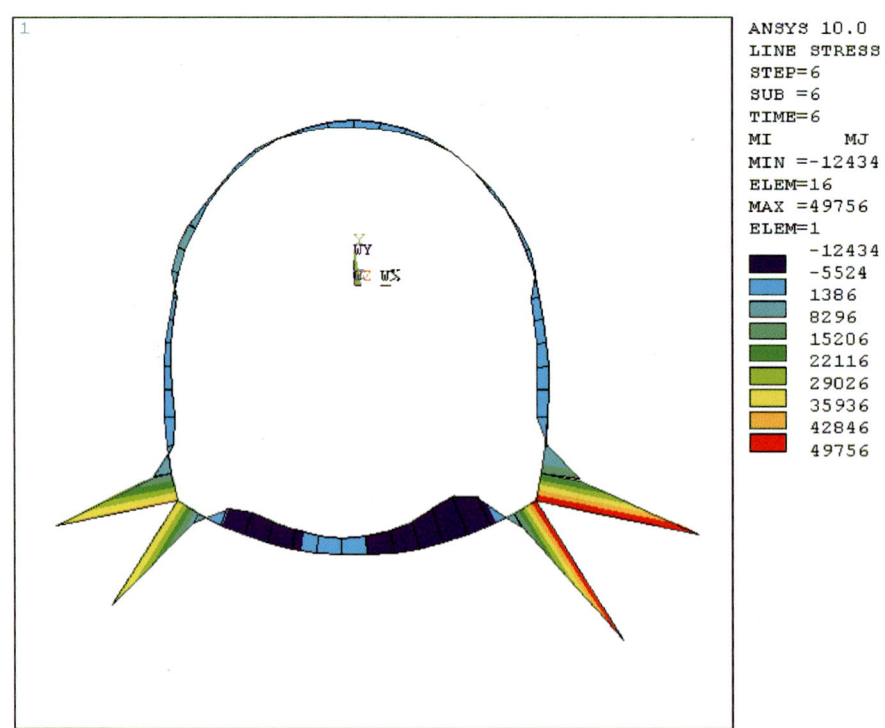

图 3-27 溶洞在拱边墙角处

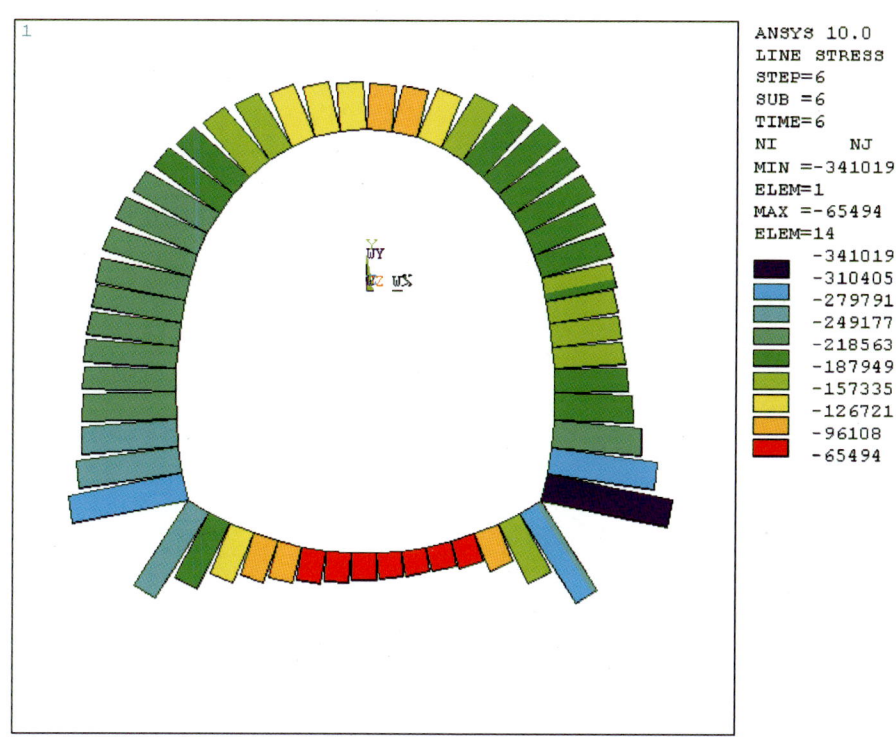

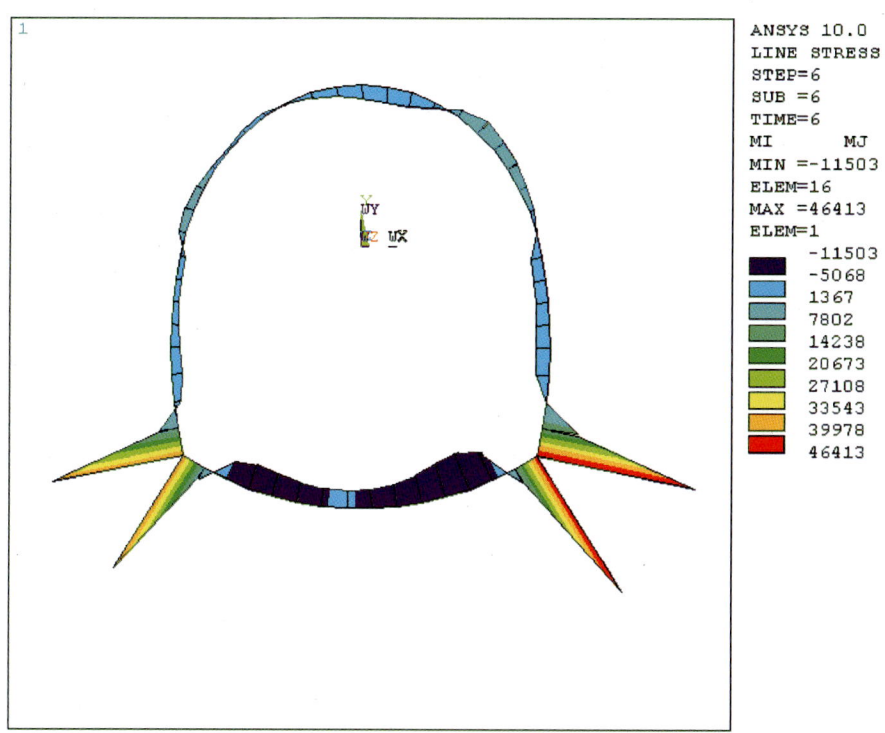

图 3-28 溶洞在拱腰和边墙角处

图 3-25～图 3-28 的弯矩图中可以得到，边墙角处有溶洞时，衬砌的最大负弯矩较另两种情况增大近 65%，最大正弯矩增大近 25%。拱腰处溶洞时，相近的拱腰处衬砌弯矩增大，拱圈的弯矩偏向拱腰。最大正负弯矩分别发生在边墙角处和仰拱，边墙角处的溶洞大大增加了衬砌偏心受力。

3.3 本章小结

(1) 在溶洞存在的区域，二衬相应的近接处衬砌段轴力会明显增加，同时最大压应力也增加。衬砌受偏压，使局部压应力明显增大。

(2) 溶洞加固后，初衬的应力分布改善明显，最大最小应力减小，特别是在边墙处有溶洞时改善最为明显，最大拉应力减小 50%，最大压应力也减小将近 30%。

(3) 在同样高程位置，溶洞的存在使其附近围岩地应力出现拉应力，拉应力出现在溶洞附近的软弱围岩中，溶洞形状尖锐处应力集中非常明显，这与隧道开挖后形成围岩应力有相似之处。

第四章　岩溶隧道涌水预测与机理

4.1　岩溶区隧道涌水地质条件研究

岩溶区隧道涌水研究必须要注重水文地质条件的研究,因为每一种方法、公式的提出都是基于地质条件的研究基础之上的。岩溶区地质条件一向比较复杂,从隧道施工期发生的比较严重的涌水事件来看,岩溶区易发生涌水的地质条件可以分为以下四类:

(1)向斜盆地形成的储水构造。
(2)断层破碎带、不整合面和侵入岩接触面。
(3)岩溶管道、地下河。
(4)其他含水构造、含水体。

以上只是从宏观上列举了一些可能发生严重涌水的地质条件,这是远远不够的,对隧道涌水条件应进行详细研究,这是其他隧道涌水研究工作的基础,必须予以重视。

4.2　岩溶区隧道涌水量预测研究方法

目前涌水量预测计算方法很多,主要有以下几种。

4.2.1　近似方法

这种方法主要包括涌水量曲线方程(一般称 Q-S 曲线)外推法和水文地质比拟法两种。预测时前者以勘探阶段抽(放)水试验的成果为依据,后者则应用类似隧道水文地质资料来计算,但两者共同的应用前提是水文地质资料相似性,前者要求试验阶段与未来掘进阶段条件相似,后者则立足于勘探区与借以比拟的施工区条件一致,因此,属于近似的预测方法。

4.2.2　专业理论方法

专业理论方法较多,也是目前国内外应用较多的方法。这些方法可归纳为:地下水动力学法、水均衡法和其他方法。

1. 地下水动力学法

地下水动力学法又称解析法,是根据地下水动力学原理用数学解析的方法对给定边界值和初值条件下的地下水运动建立解析式,从而达到预测隧道涌水量的目的。在地下水运动学中有以裘布衣公式(1875)为代表的稳定流理论和以泰斯公式(1935)为代表的非稳定流理论,根据这两大理论,人们研究出了许多隧道涌水量预测的经验公式,比较常见的有:日本的佐藤邦明公式、落合敏郎公式,苏联的科斯加可夫公式、吉林斯基公式、福希海默公式以及其他的一些经验公式等。地下水动力学法是比较常用的方法,但在工程建设中往往受地形、人力、物力、经费等诸因素影响,使预测精度受到限制。地下水动力学法在岩溶区的应用有很大的局限性,使用时必须根据具体情况进行适当的修正,一般情况下最好不用,如非用不可,建议应与其他方法结合使用。

2. 水均衡法

水均衡法是根据水均衡原理,查明隧道施工期水均衡各收入、支出部分之间的关系进而获得施工段的涌水量。水均衡法能给出任意条件下进入施工地段的总的"可能涌水量",而不能用来计算单独隧道的涌水量。当施工地段地下水的形成条件较简单时,采用水均衡法有良好的效果,如分水岭地段、小型自流盆地等。水均衡法的关键是均衡式的建立即均衡要素的测定。但是在解决这类问题时遇到了一个困难,就是天然条件下的水均衡关系在隧道的施工过程中常常遭受强烈的破坏,如强烈的降压疏干使地下水运动的速度和水力坡降增大等。水均衡法虽然有种种不足,但它有一个最大的特点,就是能在查明有保证的根本补给来源的情况下,确定隧道的极限涌水量值。因此在补给源有限时,它可以作为核对其他方法计算结果的一种补充性计算方法。

3. 其他方法

其他方法主要有地下径流模数法、降水入渗法、地下径流深度法和地球物理化学法。

4.2.3 数值法

数值法是利用电子计算机的运算功能而迅速发展起来的一种近似计算方法。用它来求解描述疏干流场的数学模型有两种途径,即有限元法和有限差分法。前者对求解区域通常采用三角形单元剖分,用变分原理或卡辽金法或最小位能原理求解描述疏干流场单元节点上的近似值。而后者则一般采用方格形剖分单元并用差分代替微分方程,通过求解节点上的差分方程获得近似解。这两种方法中以有限元法应用得最为广泛。有限元法的数学基础是能量守恒原理和分割近似原理。能量守恒原理就是用能量的观点来研究平衡问题。对疏干流场而言,它的平衡问题取决于水量的收支和存储,而平衡过程中能量转换规律则服从渗透定律,它是建立疏干流场数学模型的基础。分割近似原理运用在隧道涌水量预测中就是将反映实际疏干流场渗透运动的光滑连续水头曲面用一个彼此衔接无缝且不重叠的有限三角形拼凑起来的连续但不光滑的折面来代替,从而可使复杂的非线性问题简化为线性问题。

4.2.4 随机数学方法

该方法主要是根据灰色理论、模糊数学、数量化理论和虚拟变量多元回归方法等随机数学方法,选取涌水灾害的影响因素,先进行关联度分析,然后按涌水程度进行分类,最后进行涌水量预测。

4.2.5 非线形理论方法

通过对隧道涌水的深入研究,人们发现隧道涌水往往是一个非线形的系统,认为系统本身是一个不断与外界环境进行物资、能量和信息交换的开放系统,具有协同性、自组织性、信息性的特点,而用线形理论或线形化理论来研究属于非线形系统的隧道涌水系统是与客观实际相悖的,因此提出用非线形理论来进行隧道涌水的预测。目前,非线形理论应用于隧道涌水预测的还相对较少,常见的有神经元网络专家系统、系统辨识法等。

由上可见,隧道涌水量预测计算方法很多,目前较为常用的主要是专业理论方法,但其预测精度远远不够,究其原因主要是岩溶系统是一个复杂的开放系统,是非线性的,目前人们对岩溶系统的认识还不够完善,因此涌水量预测必须采用多种方法结合、多学科交叉的手段,以提高预测精度。

4.3 岩溶隧道突水机理

4.3.1 岩溶隧道突水类型力学分析

由于各类岩溶的成因、形态、规模、发育程度、充填状况等千差万别,难以具体描述,在此将各类岩溶对隧道工程的安全威胁抽象为岩溶水压力荷载。根据水压力在隧道工程的不同部位情况,进行如下突水类型的力学分析。

1. 板柱型突水

不论岩溶水压力荷载作用在隧道底板、隧道侧壁,还是工作面端头,根据岩溶水压力作用位置距离隧道临空面的远近,即根据隔水岩柱(板)的大小,将岩溶突水破坏简化为板型弯曲和柱型剪切两种破坏类型。安全系数参照下式进行计算:

$$n = \frac{[\tau] \times l \times h}{Q - W} \quad \text{或} \quad n = \frac{[\tau] \times l \times h}{Q}$$

式中:n——安全系数;

Q——岩溶水压力;

W——板(柱)重力;

l——剪切板(柱)面周长;

h——板(柱)厚度；

$[\tau]$——岩柱容许应力。

2. 拱梁型突水

岩溶水压力荷载作用在隧道顶板，隧道突水将呈现拱状塌落，形成破裂岩拱，其上荷载及自重由压力拱自身承担，当顶板岩体稳定时，可视为二铰拱；当支座处岩体也稳定时，则看成无铰拱分析。

破裂岩拱高度计算公式：

$$h = \frac{\left[\frac{1}{2}b + H\tan\left(45 - \frac{\varphi}{2}\right)\right]}{f}$$

式中：h——破裂岩拱高度；

b——隧道宽度；

H——隧道高度；

φ——岩石内摩擦角；

f——岩石强度系数，$f = \frac{1}{\tan\varphi}$。

3. 岩梁型突水

岩溶水压力作用在隧道纵断面上，不论隧道发生顶板突水，还是底板突水，根据岩溶水压力的作用位置及滞后工作面突水和进跟工作面突水情况，将岩溶突水破坏分别简化为简支梁板型破坏和悬臂板梁破坏两种形式。

安全系数参照下式进行计算：

$$n = \frac{[\alpha] \times W}{M}$$

式中：n——安全系数；

M——岩梁弯矩；

$[\alpha]$——岩梁容许应力；

W——岩梁抗弯模量。

由岩溶突水类型力学分析可知，不论岩溶发育在隧道工程的任何部位，也不管岩溶突水的力学模型属于哪类，岩溶突水的机理在于岩溶水压力造成溶腔破坏的塑性范围与隧道工程开挖形成的塑性范围是否连通。

因此，岩溶突水存在两个根本要素：一是岩溶突水存在薄弱处突发的关键部位；二是岩溶突水存在塑性范围连通的临界距离。

在岩溶隧道施工中，如果能够应用各种预测预报技术，对所将遇岩溶溶洞的位置、范围、充填情况等进行成功预报，就可依据上述的岩溶突水力学模式进行分析计算，初步估算导致岩溶突水灾变隔离岩柱(岩板)的安全系数，若所计算安全系数达不到施工安全要求，就可以提前采取各种有效的补强加固措施。

由于上述突水类型,力学分析不能反映出岩溶突水渐进破坏的变化过程,不能够反映出岩溶突水过程中围岩应力场、变形场、破坏场和渗流场的相互耦合作用过程,也不能够揭示出岩溶突水灾变的关键部位,因此,有必要进行岩溶突水灾变过程和突水灾变机理的数值模拟分析,对岩溶突水类型力学分析进行补充、完善,以便更好地指导现场工程实践。

4.3.2 岩溶隧道突水机理分析

1. 顶位交错模式岩溶突水规律

(1)随着隔离岩柱厚度的减小,隧道顶部产生塑性破坏的范围逐渐扩大。当隔离岩柱的临界厚度被击穿时,隧道顶部的破坏范围突然成倍扩展,隧道顶部围岩破坏严重,出现了大量的拉破坏单元。

(2)位移场特征。随着隔离岩柱厚度的减小,隧道产生的最大位移量逐渐增大,当隔离岩柱的临界厚度被击穿时,隧道最大位移量突然成倍扩展。

(3)渗流场特征。随着隔离岩柱厚度的减小,隧道涌水量逐渐增大,当隔离岩柱的临界厚度被击穿时,隧道涌水量突然成倍扩展。

顶位交错模式下的岩溶隧道施工。随着溶管与隧道间隔岩层厚度的逐渐减小,隧道围岩中破坏场、位移场及渗流场的变化趋势有密切相关的一致性,体现了隧道岩溶突水的过程是有明显突发征兆的渐进破坏过程。

在隧道开挖过程中,由于开挖而引发的应力集中将造成围岩中产生塑性区,当该塑性区与岩溶中充填物破坏区沟通时,则必然造成突水涌泥事故。这就是近距离岩溶隧道施工中诱发突水涌泥地质灾害的根本原因。

2. 交错模式岩溶突水规律

(1)岩溶管道与隧道间存在发生岩溶突水的最小厚度,即引发岩溶突水的临界距离。临界距离值受到岩柱完整性、充填物介质、水压力以及水系的连通性和隧道施工方法等多种因素影响。

(2)不同的交错突水模式中,随着溶管与隧道间隔离岩柱距离的逐渐减小,在溶管与隧道间隔离岩柱中产生塑性破坏的位置和范围是不一样的。

(3)交错式突水模式隧道施工的关键是保持岩溶与隧道之间岩柱的稳定性,溶管(溶洞)周围的塑性区与隧道周围塑性区的沟通是造成岩溶突水的直接原因,这也是岩溶突水的基本特点。因此在隧道设计时如有可能应避免与岩溶结构的近距离穿越。

(4)从隧道涌水量及最大位移来看,在不同的模式下优先选取"下侧位",最不宜选取"顶位和上侧位"。

4.4 岩溶隧道涌水灾变特征

4.4.1 岩溶突水灾变水力特征

1. 突发性

通过大量岩溶隧道施工实践来看,这类溶洞的充填介质为不透水物质,溶洞的周壁为结构完整的岩体,溶洞的形成往往是呈垂直向发育,倾角大,因而,溶洞的充填物和上部的水体所积储的势能很大,当隧道开挖时势能急剧释放,形成爆喷突发性灾害。

2. 高压性

通过大量岩溶隧道施工实践来看,发生突水灾害时,往往伴随泥砂,且被高压喷出,充分体现了岩溶的高压特点。

3. 富水性

通过大量岩溶隧道施工实践来看,发生突水灾害时,往往存在大量涌水以及泥砂,充分体现了岩溶的富水、富泥(砂)的特点。

4.4.2 岩溶突水灾变频数特征

岩溶隧道突发性可以分为高发性、中发性、低发性三种类型,其分类情况如表 4-1 所示。

表 4-1 岩溶隧道突发类型

突发类型	高发性	中发性	低发性
突发频度/次	≥10	3~10	≤3
充填介质	粉细砂	泥砂	硬塑—软塑状黏性土
危害性	极大	大	极大
施工难度	极大	极大	前期易爆喷,之后施工难度不大

高发性溶洞发生突发性涌突水频数很高,施工难度极大,在施工中往往采取措施后仍有发生涌水现象。

中发性溶洞发生突发性涌突水频数较高,在施工时辅以措施,比如注浆、管棚等,则施工安全还是有保证的。

低发性溶洞发生突发性涌突水频数较低,此类溶洞充填介质为透水性极差的硬塑—软塑状黏性土,其发育往往又是以近呈垂直向落水洞形成发育,倾角大,这样,溶洞的充填介质和上部的水体所形成的总势能很大。在水的润滑作用下,充填介质和溶洞洞壁之间摩阻力又小,当隧道开挖时,总势能会很快释放,形成突发性爆喷灾害。但灾害发生后,已形成的岩溶管道,危险性和危害性已经解除。针对这种类型溶洞,提高超前探测的准确率是确保施工安全的关键。

4.4.3 岩溶突水灾变充填物特征

1. 泥砾型

岩溶填充物为泥砾型,在施工中能够依据实际情况采取措施,比如"以堵为主"的排水措施就较"以排为主"措施要安全得多,也为后续施工带来便利。

2. 细砂型

细砂型填充物,由于粉细砂层颗粒细,且为透水介质,因此,预注浆施工困难。工程实践表明,在该类充填物介质岩溶隧道施工中,容易发生涌水、涌砂现象。

3. 黏土型

黏土型填充物属于不透水层,在施工过程中一旦揭露此类岩溶填充物,极易发生爆喷突泥灾害。

4.4.4 岩溶突水灾变与工序关系特征

岩溶突发性涌水、突泥主要发生在开挖和初期支护完成后这两个环节。隧道开挖后,原溶洞应力状态、水力特征发生变化,若处置措施不当,易发生突发性涌水突泥。初期支护完成后出现突发性涌水突泥与施工对象和施工方案选择有关。由于岩溶填充物类型不同或者岩溶类型不同,在施工中采取的措施将有差异,这就导致施工方案上存在差异,工序上存在不同。

4.4.5 岩溶突水动态变化特征

通过大量实践,对比隧道进口洞内涌水量与地表降雨量两者的相关性,结合施工情况,基本上可以将岩溶突水动态变化特征分为未连通阶段、基本连通阶段和完全连通阶段三个阶段。

1. 未连通阶段

洞内涌水量不随地表降雨量而变化,与地表降雨量不存在相关性,该段属于未连通阶段。

2. 基本连通阶段

基本连通阶段主要受外界条件影响比较明显,比如地表突降暴雨,洞内岩溶区(别处)涌水等,使得洞内涌水量与地表降雨的相关性越来越明显,泄水洞等使得涌水量与地表降雨量呈现出不相关性。

3. 完全连通阶段

完全连通阶段使得溶洞和地表完全连通,地表降雨对隧道施工影响变得十分敏感。

4.5 岩溶隧道突水与环境的关系

4.5.1 岩溶水与生态环境的关系

隧道在开挖过程中出现大量的岩溶涌水,造成地下水位持续下降,而岩溶水作为一种地下水资源,它与生态环境关系十分密切。在岩溶隧道区具有双层水文结构使该地区的地下水文网十分发达,而缺乏系统的地表水文网,出现地表严重缺水,地下水特别丰富的局面。在雨季时,因缺乏系统的地表水文网,不能泄洪,发生涝灾时,地面降水全部转入地下,使地表缺水发生旱灾。所以,岩溶区特殊的水文二层结构决定了岩溶区生态环境的脆弱性。岩溶植被的旱生性、岩生性和喜钙性使植被生长困难,森林覆盖率低,生态系统抗干扰能力低,岩溶区内降水不少,但其广泛发育的地表和地下的双重空间结构,使得地下洞隙纵横交织,地表水漏失严重,岩溶水上涌成涝,非旱即涝。

地下水的生态功能决定生态系统对地下水具有很强的依赖关系,地下水的变化将引起生态环境发生改变。由于岩溶隧道区缺乏系统的地表水文网,天然植被生态系统主要是依靠消耗地下水资源来维持的。岩溶隧道区通过天然降水补给地下水,然后植被通过其根系毛细管的作用吸取土壤水维持生命,随着植被不断的蒸腾消耗,地下水源源不断地补充土壤水,这期间裸露土地的潜水蒸发、河道水域的蒸发也在伴随着进行。当水源对地下水的补给能力小于植被、裸地以及河道的蒸腾消耗时,地下水因排泄大于消耗而使地下水位降低,加大了植被根系与地下水潜水面之间的距离,相应的地下水供给植被水分的能力降低,如果低于植被的生理需水,植被的生长就会受到抑制,严重则会枯萎、死亡。只有在地下水潜水面较高,土壤可以源源不断地得到上升毛细管水的补充,或植物根系可直达潜水层的情况下,植物才能够正常地生息繁衍。因此,地下水对天然植被的生存具有重要的意义。

4.5.2 岩溶隧道涌水与地下水的关系

隧道开挖后,由于其集水和汇水作用,岩溶地下水不断排入隧道中,并以其为中心构成新的汇势。由于局部水力梯度的显著提高,地下水的运动速度必然较天然渗流状态明显增大。隧道排水使工程所在山体地下水资源流失,将造成隧道工程区泉水消失或流量减小,在隧道排水、降位漏斗的逐渐扩展过程中,不仅在丰水期地下水系统可接受大量的降水或沟水补给增量的补充,造成天然补给量增大,而且在平枯水期于漏斗影响范围内还将引起泉水的流量减小甚至消失等一系列天然排泄量减小的现象。随着隧道排水过程的延续,需要不断动用储存量,隧道工程区地下水的降位使漏斗不断扩展,直至隧道排水量完全靠来自边界的补给保证为止。工程区地下水系统和外界进行水量交换是不断进行的，尤其是丰水期，与外界的水量交换是剧烈的。因此，在施工后数年甚至更长时间范围内，工程区降位漏斗在平、枯期将继续扩展，但扩展速率将逐渐降低。数千漏斗的形成和由此引起的其他水量交换，为接受外界的补给，尤其是降水的补给创造了条件，打破了原有的水文动态平衡，促进了水循环交替，这些过程将加剧地表水土的流失，影响植被和农作物的生长等。

由于在岩溶地段修建隧道可能引起岩溶水动力条件的改变，破坏岩土水系统循环运移条件，从而使得岩溶溶洞顶板的赋存条件发生改变，这在一定程度上增加了顶板的不稳定性，地下水的漏失可能引起地下水的动态平衡被破坏，出现地下漏斗在隧道长期涌水条件下，隧址区整个地下水系统包括含水层和在断裂带一定范围的相对隔水层将具有一定水力连续性。显而易见，只要地下水系统的疏干水量满足不了隧道的排出水量，地下水位就将持续下降。从而引起地表水源的枯竭、水质下降，甚至地表塌陷等现象，地下水的漏失可能使土壤含水量下降，从而影响植物的正常生长，破坏自然生态平衡。因隧道排水疏干作用的控制，影响范围内与深部地下水有水力联系的泉水溢出量将会大幅度衰减，甚至枯竭，沟谷基流量亦会大幅度衰减。影响范围内的人畜主要依靠泉水、沟谷基流和井水，沟谷基流量的减少甚至枯竭消失将对这些居民生产和生活造成严重的影响。

4.5.3 地下水位与生态环境的关系

对于岩溶隧道区来说，地下水是植物分布和生长最重要的限制资源，同时也是经济社会发展的限制资源，植被是生态系统最重要的组成部分，是人类生活的主要依靠。

地下水主要以向上运移的形式补充土壤水分来满足植物的需水要求，当地下水水位浅埋时，植物的根系可直接吸收、利用地下水；当地下水深埋时，地下水通过毛管作用向地表运动来影响土壤含水量，进而间接影响植物的生长及植物群落状况。如果地下水埋深太大，支持毛细带上缘已超过植物根系活动层下界面，地下水对根系层土壤水分的补给就显著减少，以致于不能满足植物生长对水分的最低要求，植物出现生长不良或枯萎死亡。此外，地下水不仅通过影响土壤含水量来间接影响植物的生长，它还通过影响土壤含盐量来影响植物的生长。如果地下水水位埋深较浅时，因毛管水顶面接近地表，蒸发强烈，土壤表层盐分不断积累，当土壤中盐分的浓度超过植物根细胞中细胞质浓度时，植物则无法吸收水分，形成所谓的"生理干旱"，植物也会枯萎死亡。由此可知，天然植被土壤水、地下水、天然植被三者之间形成错综复杂的关系，地下水影响土壤水，土壤水又影响植被生长，但归根到底，在这种岩溶区植被生存的特殊环境中，地下水是决定天然植被生长状况的决定因素。沿隧道区域两侧的自然植被，它们不依赖于大气降水，而是靠地下水供给其蒸腾和蒸发。但地下水是通过毛细管作用上升补给土壤水分，使土壤沿剖面由上而下含水率逐渐增加，从而被植被吸收利用。在一定意义上说，地下水是通过改变土壤含水量来影响植被的生长，因此有必要分析不同地下水位梯度下土壤含水率的变化特征。

研究表明,地下水位的高低直接影响植被长势的好坏和现有植物种类的多少,但是这种影响在很大程度上是通过影响土壤含水率来实现的。

4.6 本章小结

(1)通过岩溶突水力学共性特征的描述,将突水过程划分为蓄势与失稳两个阶段,并分析了水岩相互作用诱发岩溶突水的基本力学原理。根据突水发生机制的不同,将突水划分为静水压突水与动力突水两类,指出巨型静储量岩溶水体突出是突水的常见形式。

(2)通过岩溶突水过程流态共性特征的描述,岩溶水经历了由含水层的Darcy转化为潜在突水通道里的Brinkman流,最后突入隧道内形成N.S流的灾变过程。

(3)基于三种流态运移的耦合模型,建立了隧道突水流体流动的数值模型,并采用多场耦合软件真实模拟了岩溶管道、断层等地质体诱发突水的灾变演化过程。

第五章　岩溶隧道超前地质预报

5.1　现代超前地质预报方法的特点

在高速铁路的隧道施工中,由于隧道地质情况复杂,常常阻碍隧道施工进程,甚至造成人员伤亡。大多数工程项目任务重、工期紧,特长隧道往往又是控制性工程。为了使隧道施工能够安全快速地进行,在隧道施工中开展超前地质预报工作十分必要。

传统的超前地质预报一般采用超前钻探,但是超前钻探的费用很高,而且还会延误工期。目前无损地球物理探测技术广泛应用在隧道施工的超前地质预报过程中。该方法预报时间短、精度高、效果好,并且对隧道施工不会有干扰(或者仅有轻微干扰)。因此,我们承诺将在施工隧道超前地质预报工作中,采用先进的仪器设备(即 TSP203 超前地质预报系统),选派具有隧道超前地质预报丰富经验的技术人员投入到该项工作中,以严谨认真的态度开展工作,对资料分析做到物探成果与地质资料相符合,提交的成果资料具有客观性、准确性和科学性,及时指出隧道掌子面前方存在的不良地质状况,正确指导隧道的安全施工。

5.2　隧道施工超前地质预报的目的

(1)进一步查清因前期地质勘察工作的局限而难以探查的、隐伏的重大地质问题,预报施工隧道掌子面前方的不良地质灾害,进而正确指导隧道工程的安全施工。

(2)通过动力学参数(动态弹性模量、剪切模量、泊松比、密度、弹性纵波速度、弹性横波速度等)进行综合评估,有利于及时预报隧道掌子面前方 100～150m 及周围 10m 范围内的影响隧道施工质量和安全的不良(或特殊)地质问题,主要查明:①软弱岩层(包括含煤地层)的分布;②断层及其破碎带;③节理裂隙发育带;④含水情况;⑤岩溶洞穴;⑥围岩类别(供施工参考)。

5.3 TSP203超前地质预报方法

5.3.1 隧道地质超前预报实施方案

TSP203超前地质预报方法为主控方法,地质雷达方法和水平钻探为辅助预报方法。

通过TSP203超前地质预报后,发现掌子面前方存在重大地质灾害隐患的地段(如大型暗河、软弱、破碎、富水、导水性良好的地层和大型突水突泥地段)时,经施工单位、监理、TSP203超前地质预报三方确认,需要采用地质雷达方法或水平钻探对TSP203超前地质预报进行验证或详查时,则开展地质雷达方法或水平钻探对掌子面前方5～30m范围内进行验证或详查。

隧道进洞55m后便开始进行TSP203超前地质预报工作。为保证超前地质预报的准确性,按隧道掌子面每掘进100～150m(由围岩的完整性确定)作一次超前地质预报。

采用TSP203超前地质预报系统作预报时,现场工作布置如下。

1. 接收器钻孔布置方法

接收器钻孔数量:2个,隧道左、右壁各一个。

接收器钻孔直径:45～50mm/孔深2m。

接收器钻孔布置:沿轴径向,向上倾斜5°～10°。

布置高度:离地面约1m。

布置位置:离掌子面大约55m位置。

2. 爆破钻孔布置方法

爆破钻孔数量:在隧道左或右壁面布置24个(根据岩层走向确定在左或右),根据实际情况可以选择18～24个。

爆破钻孔直径:38mm(20～45mm)/孔深1.5m(最小0.8m,最大2.0m)。

爆破钻孔布置:沿轴径向,向下倾斜10°～20°(水封填炮泥),相对于隧道壁面倾斜10°。

布置高度:离地面约1m。

布置位置:第一个钻孔离接收器约20m,其余炮眼间距1.5m(最远2m)。

5.3.2 预报方法及原理

TSP203超前地质预报方法介绍如下。

1. TSP203系统

TSP是Tunnel Seismic Predication ahead的英文缩写。TSP203系统是由瑞士Amberg测量技术有限公司专门为隧道施工期间探测掌子面前方不良地质体而研发的一套设备。由于该方法具有探测距离远、不占用隧道施工掌子面,探测效果好等优点,现已被广泛应用于隧道开挖的全过程。TSP203系统由以下三部分组成(图5-1):①接收单元;②记录单元;③附件箱。

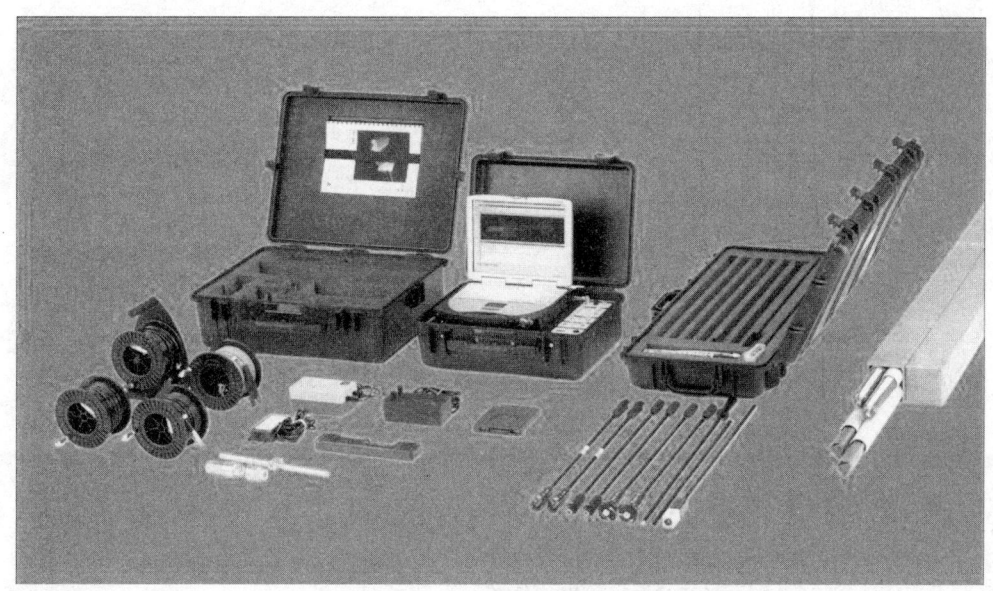

图5-1 TSP203系统组成

2. TSP203系统预报原理

TSP203超前地质预报系统采用的地震负视速度反射波法的基本原理见图5-2所示。

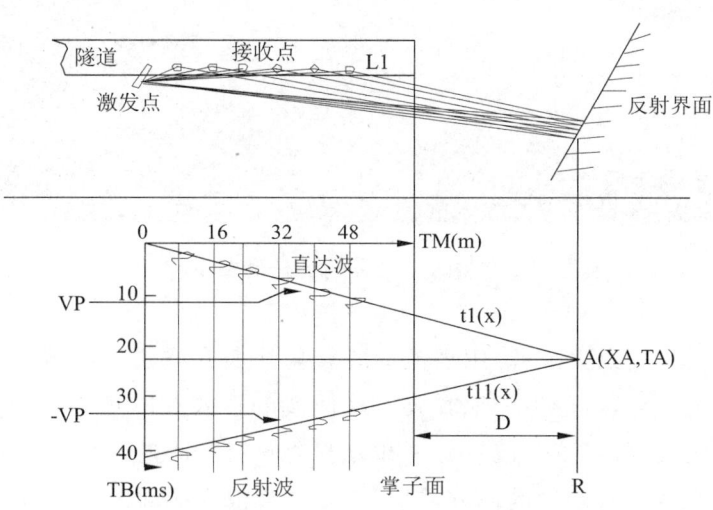

图5-2 负视速度地震反射波法工作原理图

TM(m).接收点位置;TB(ms).纵波传播时间;XA.反射界面正交点的位置;
TA.直达波与反射波交点的传播时间

通常情况下，TSP203爆破剖面是在隧道的左壁或者右壁上布置一系列微型爆破孔进行微型爆破激发弹性波，在隧道壁左右两侧上同时安装一对接收器接收从掌子面前方反射回来的弹性波信息，通过对这些弹性波信息进行处理、计算和综合分析，获得掌子面前方的详细地质情况。

爆破剖面的位置选择主要取决于岩层结构的主导方位，由于岩层结构的准确产状有时是未知的，但在隧道壁左右两侧上安装一对接收器可以提供多方位信息，因此，使用一个爆破剖面和两个接收器也是出于经济目的考虑。

但对地质状况非常复杂的情况，建议使用两壁爆破剖面测量。这样布置的好处是可将所获得的多方位信息进行综合分析，并可加以对比和相互校证。

3. 信息处理和解释

TSP系统采用弹性波（地震波）回声测量原理来对掌子面前方的不良地质体进行探测（图5-3）。

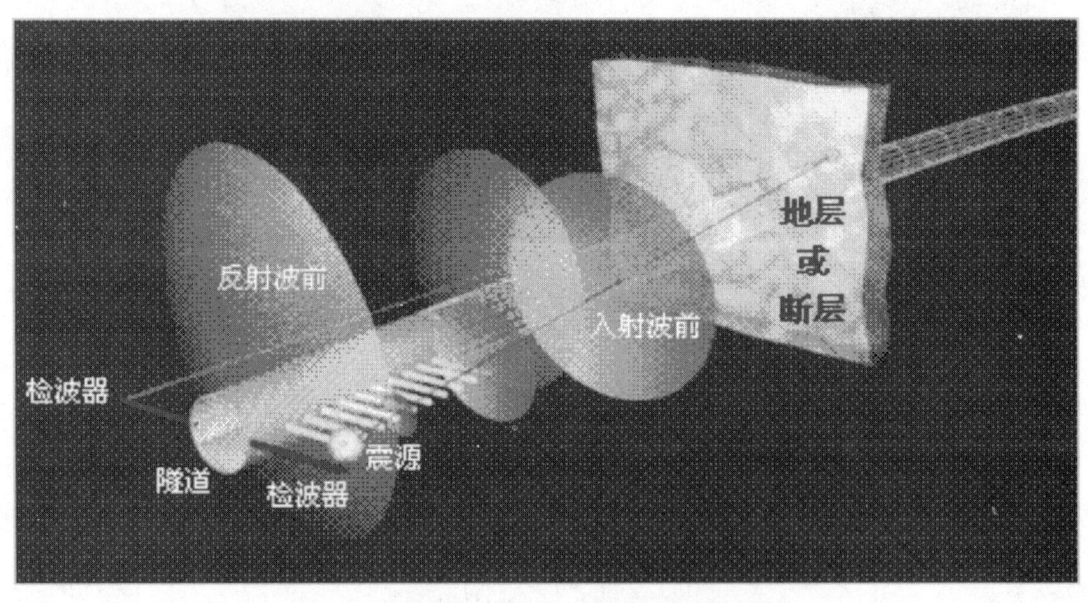

图5-3 TSP203系统的弹性波传播示意图

地震波的激发采用人工震源，用小药量的乳化炸药在隧道的左或右边墙按一定的距离进行爆破产生地震波，所产生的地震波以球面波的形式在隧道围岩中传播。一部分波会直接传到地震波接收器（直达波），另一部分波会向前传播进入掌子面前方的围岩中，当前方围岩中存在波阻抗有差异的地方，则一部分波会被反射回来（反射波），另一部分继续向前传播，波将依次传递下去。人工所激发的地震波被接收器所接收到并被记录下来，形成地震波记录。随着传播距离的增加和球面半径的扩大，直到能量足够小不能被仪器所接收到为止。

通过对地震波记录进行一系列的运算后,可以得到掌子面前方围岩的速度扫描图、深度偏移图和二维、三维成果图。根据这些资料综合分析,便可对掌子面前方的围岩进行地质预报。应用该方法可以探测隧道掌子面前方约120m′及隧道洞身周围10m范围内的地质情况,可以探测断层及影响带、节理裂隙密集带、岩溶等不良地质体。

5.4 地质雷达方法

5.4.1 SIR3000系统

SIR3000系统由采集单元和天线单元组成(图5-4、图5-5)。

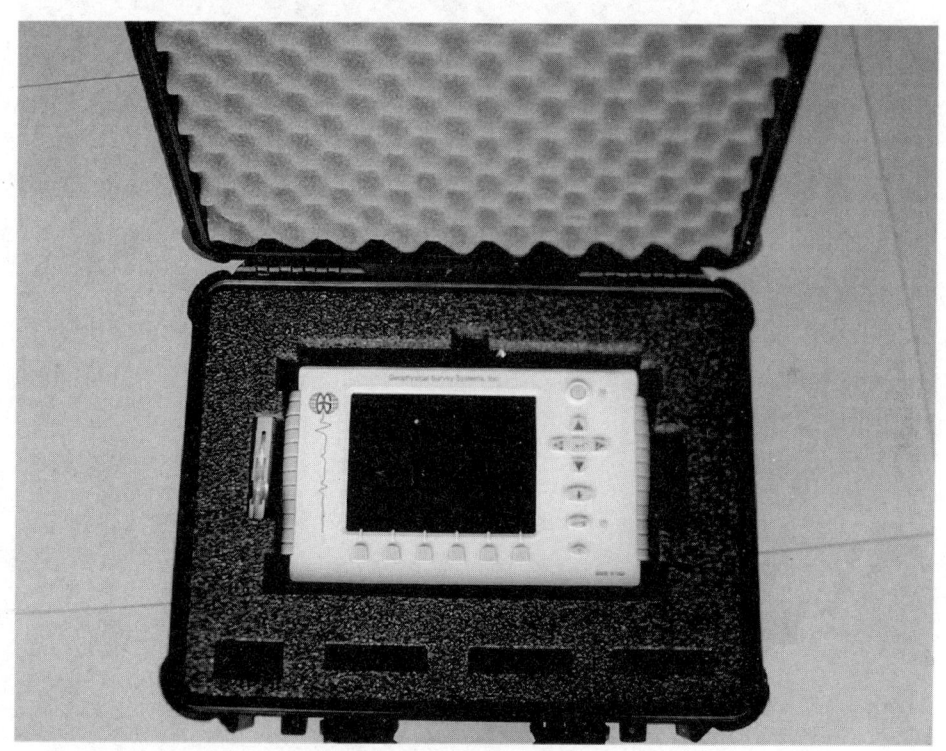

图5-4 采集单元

5.4.2 SIR3000系统预报原理

地质雷达法勘探是一种高分辨率探测技术,20世纪80年代以来由于电子技术与数字处理技术飞速发展,在公路路面、路基与路基缺陷、隧道衬砌质量的无损检测、隧道超前地质预报等多个领域得到了广泛应用。

地质雷达(GPR)依据电磁波脉冲在地下传播的原理进行工作,电磁波脉冲在介质中的传播路径-波形随所通过的介质的介电性质、几何形态而变化,根据接收到反射波的旅

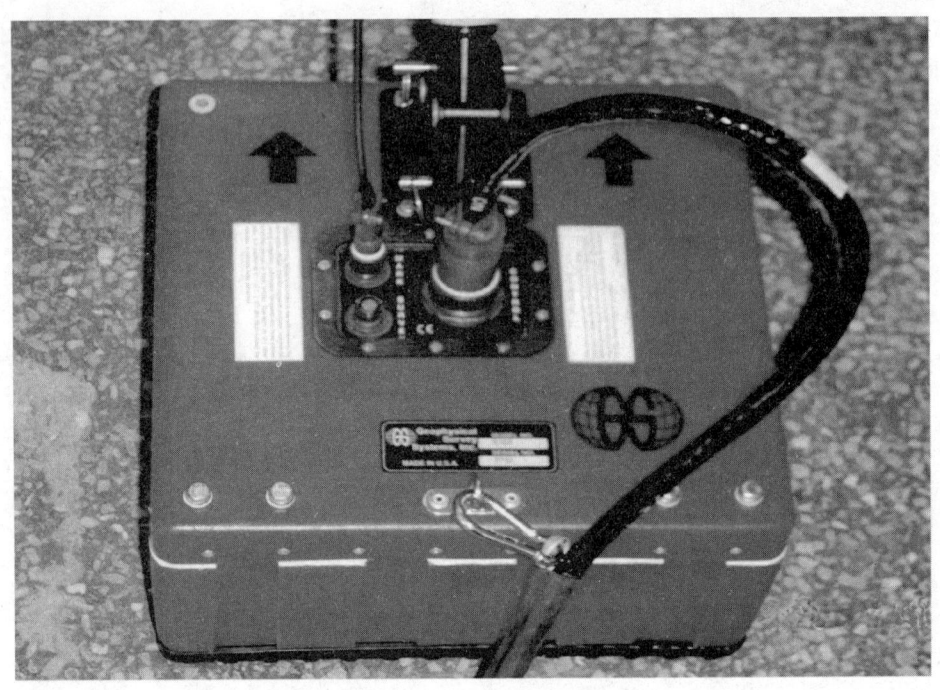

图 5-5 天线单元

行时间、幅值、频率、波形变化资料,可以推断地质目的体的内部结构和几何形态(图 5-6)。由于地质雷达使用高频脉冲电磁波($10^6 \sim 10^9$ Hz),与其他物探方法相比具有更高的分辨率和准确率。

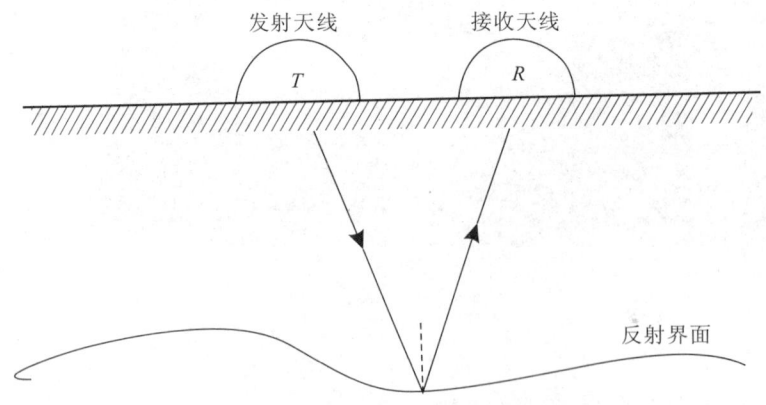

图 5-6 地质雷达检测原理示意图

当电磁波到达两种不同介质性质的分界面时,由于上下介质的电磁特性不同会发生反射与折射。入射波、反射波与折射波的方向,遵循反射定律和折射定律(图 5-7)。

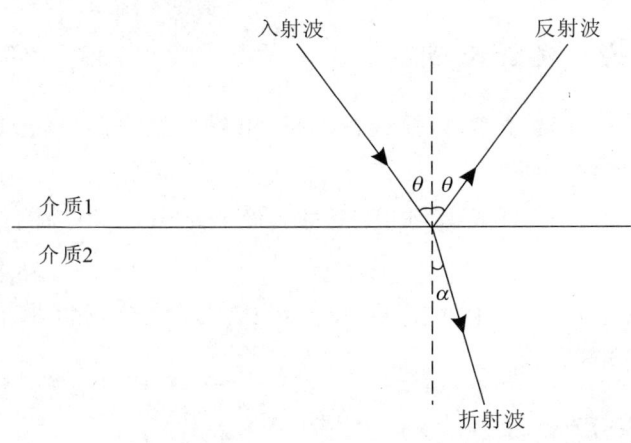

图 5-7 电磁波在介质分界面的折射和反射

5.4.3 信息处理和解释

电磁波在介质界面的折射和反射特征由折射系数 T 和反射系数 R 表示，对于非磁性介质，当电磁波垂直入射（$\theta=0$）时，可以用下式表示：

$$R = \frac{\sqrt{\varepsilon_1} - \sqrt{\varepsilon_2}}{\sqrt{\varepsilon_1} + \sqrt{\varepsilon_2}} \tag{5-1}$$

$$T = \frac{2\sqrt{\varepsilon_1}}{\sqrt{\varepsilon_1} + \sqrt{\varepsilon_2}} \tag{5-2}$$

式中：ε_1、ε_2 分别为上下介质的介电常数。

由上式可知，对于非磁性介质，电磁波的反射特性仅与介质的介电常数有关。在隧道掌子面前方的不良地质体与正常围岩之间的介电常数有明显的差异，它们之间能形成良好的电磁波反射界面。因此，当电磁波碰到目标物或不同介质之间的界面而被反射回来时，可根据电磁波的双程走时的长短差别和波形畸变，确定隧道掌子面前方的不良地质体的形态、属性及位置，结合工程地质理论分析达到对隧道掌子面前方的不良地质体的探测与判定。

5.5 TRT6000 超前地质预报系统

5.5.1 全新的地质超前预报设备

20 世纪 60 年代，在美国先进技术发展计划基金支持下，美国国家安全局应用地震波勘测技术来研究地层应力消除现象及地层结构扫描成像，简称 TRT 技术。

5.5.2 TRT技术发展经历

在震源上先后采用炸药爆炸、风镐或挖掘机、电磁波发生器、锤击作为震源,使勘测成本越来越低,操作越来越方便。

在软件上,成功实现由2D成像到3D全息成像的跨越,使得勘测结果更为准确、全面和直观。

为了推广这一先进技术,美国C-Thru公司从国家安全局继承了相关资产,推出了超前地质预报TRT6000系统。

5.5.3 TRT6000的原理

当地震波遇到声学阻抗差异(密度和波速的乘积)界面时,一部分信号被反射回来,一部分信号透射进入前方介质。声学阻抗的变化通常发生在地质岩层界面或岩体内不连续界面。反射的地震信号被高灵敏地震信号传感器接收,反射体的尺寸越大,声学阻抗差别越大,回波就越明显,越容易探测到。通过分析,被用来了解隧道工作面前方地质体的性质(软弱带、破碎带、断层、含水等)、位置、形状和大小。

5.5.4 预报系统组成

TRT6000预报系统由六个主要部分组成:①主机;②基站;③无线模块;④传感器;⑤触发器;⑥数据处理分析软件(图5-8)。

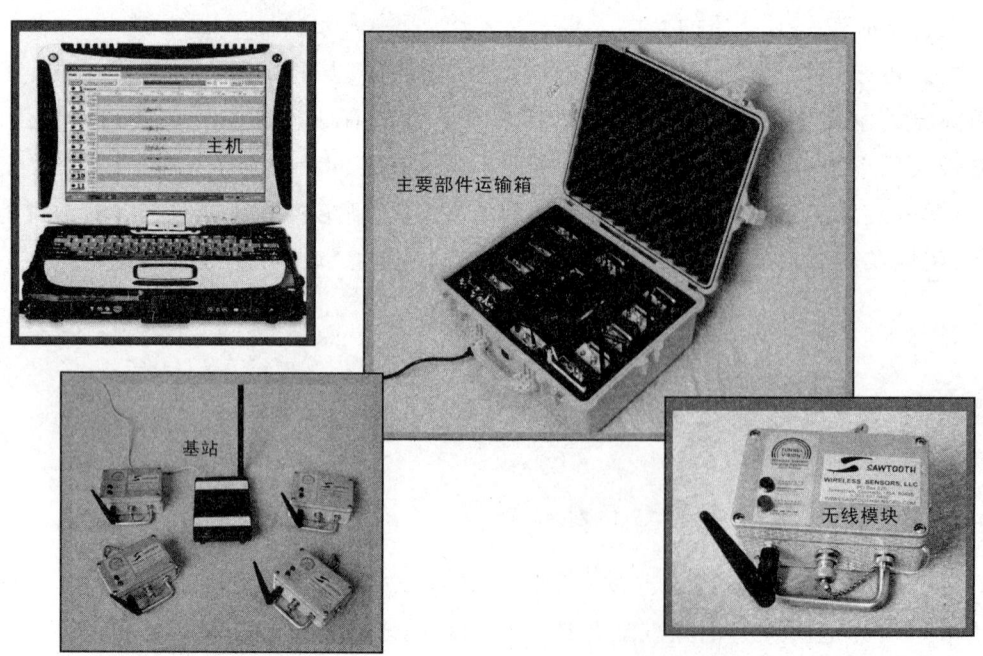

图5-8 无线数据采集的硬件系统

用 8mm 的钻头打 60mm 深的孔,在固定块上抹上膨胀性快干水泥,把固定块固定在隧道边墙和洞顶表面,传感器通过螺丝安装在固定块上,从而实现传感器和岩体的紧密耦合(图 5-9)。

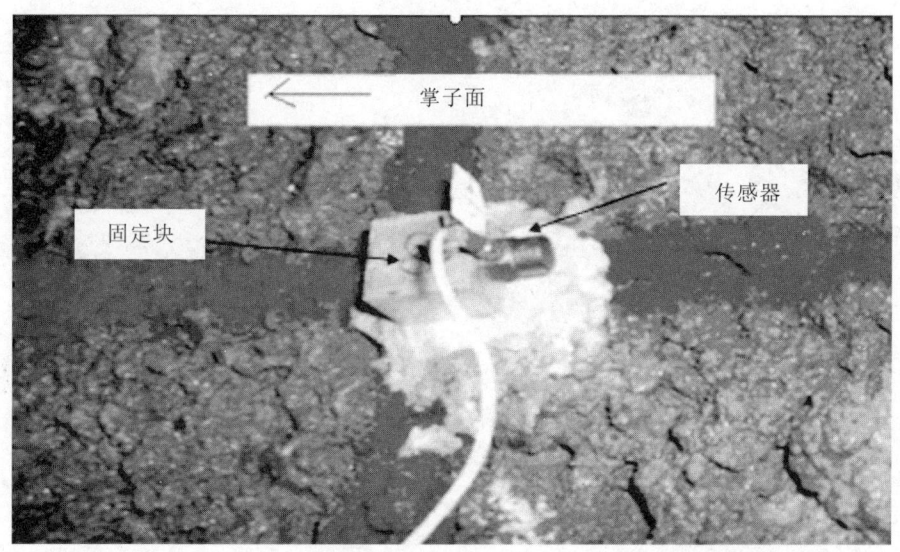

图 5-9 传感器的安装固定

数据采用无线传输,没有线缆断裂问题,也不影响施工。数据采集完成后立即被数字化保存并传输,不受环境干扰(图 5-10 和图 5-11)。

图 5-10 震源采用锤击的方式

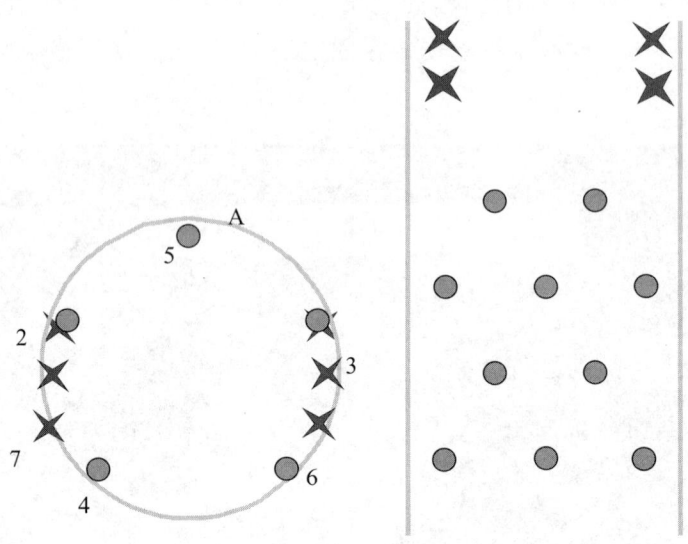

图 5-11 布置方式和数据采集

5.5.5 TRT6000 的特点

(1)设备可靠度高和适应性强,适应软岩、硬岩、黄土等区域,安全性强。

接收频率范围为 0.7~3900Hz,能够在软岩、硬岩、黄土、松散堆积物等多种地质环境里进行超前地质预报。

安全性非常高,震源可重复利用,通过多次锤击,获得叠加信号,使异常体反射更加明显。其他同类设备如遇黄土、松散泥土结构,无法成孔,从而无法放入炸药。

(2)采集信息量大,形象地绘制三维立体图,对于多种不良地质体反应敏感。

震源和传感器采用矩阵排列,获得真实的三维立体图,直观再现异常体的形态、大小。

5.5.6 含水构造大管径的管状岩溶构造工程实例

1. 某隧道进口 DK221+792~DK221+902

进口里程 DK221+596,出口里程 DK227+604,全长 6008m,最大埋深约 370m。全隧道位于直线上,隧道设单面坡,自进口至 DK221+750 为 1.65% 的上坡,自 DK221+750 至出口为 1.9% 的上坡。进口段地质特点以老黄土、弱风化灰岩为主,含钙质结合层和洪积碎石类土,下伏弱风化片麻岩等(图 5-12~图 5-14)。

2. 预报结论及分析意见

(1)预报里程为 DK221+792~DK221+902 计 110m。

(2)里程 DK221+792~DK221+902 段,围岩与掌子面基本类似,为黄土夹碎石土,松散结构,完整性差,自稳性差,容易发生坍塌,建议加强超前支护,围岩参考等级为Ⅳ级。

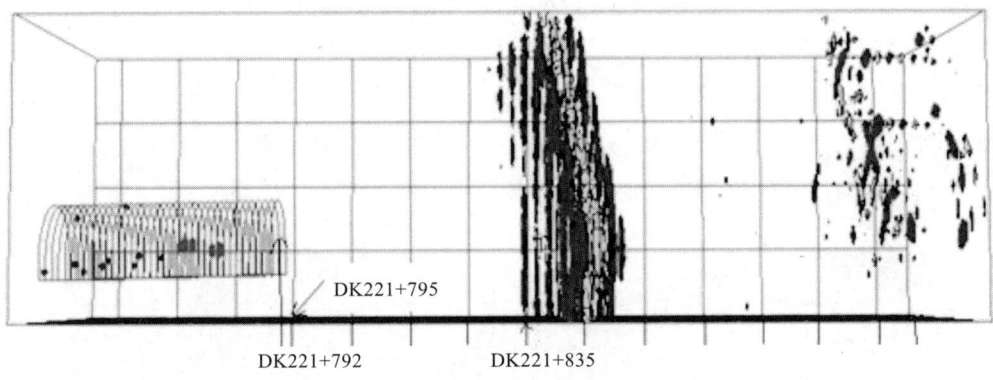

图 5-12　隧道进口 DK221+792～DK221+902 TRT6000 层析扫描侧面图

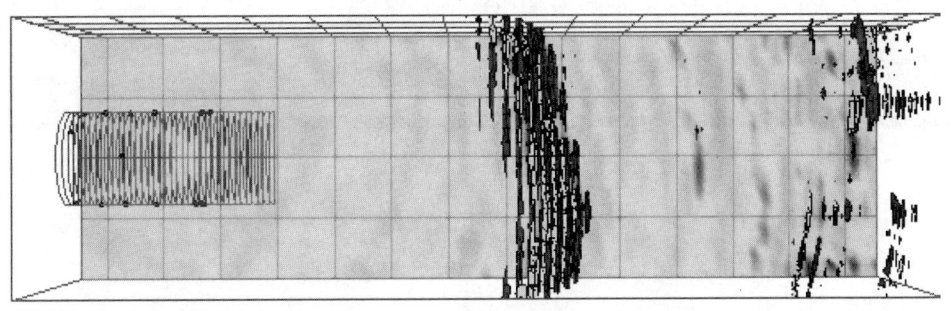

图 5-13　隧道进口 DK221+792～DK221+902 TRT6000 层析扫描俯视图

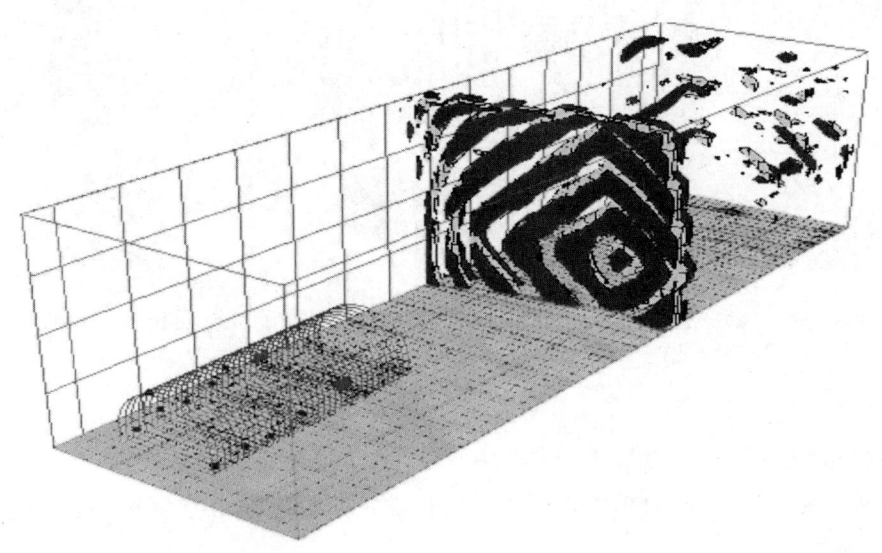

图 5-14　隧道进口 DK221+792～DK221+902 TRT6000 层析扫描立体图

(3) 在里程 DK221+835～DK221+855 段出现明显阻抗变化的一软弱结构面,可能是岩体较潮湿或较破碎造成的。

(4) 从地质层析扫描成像图中可看出 DK221+835～DK221+850 有一软弱夹层带,这与地貌图中有一冲沟位置相吻合,软弱夹层应为冲沟底部长期积水形成。

3. 隧道出口里程 DK227+372～DK227+272 预报(图 5-15～图 5-17)

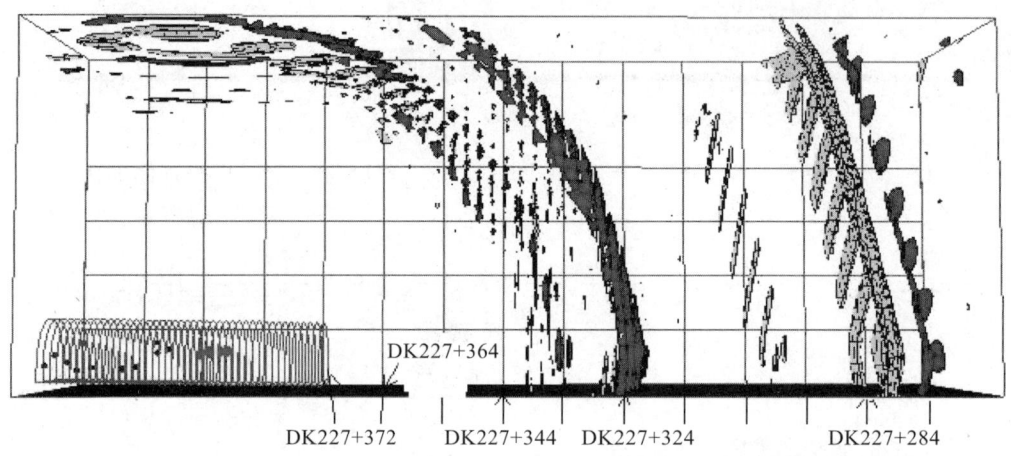

图 5-15　隧道进口 DK227+372～DK227+272 TRT6000 层析扫描侧视图

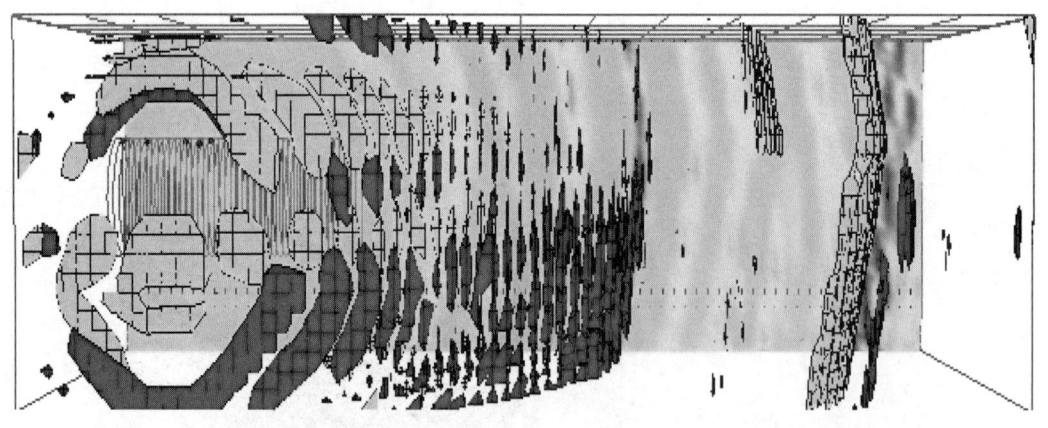

图 5-16　隧道进口 DK227+372～DK227+272 TRT6000 层析扫描俯视图

预报结论:

(1) 预报里程为 DK227+372～DK227+272 计 100m。

(2) 里程 DK227+344～DK227+324 段隧洞左侧出现低阻抗反射,推断该处岩体较潮湿或较松散。

(3) 里程 DK227+284～DK227+280 段出现一高阻抗反射面,推断该处岩体密实度增大或为围岩界面。

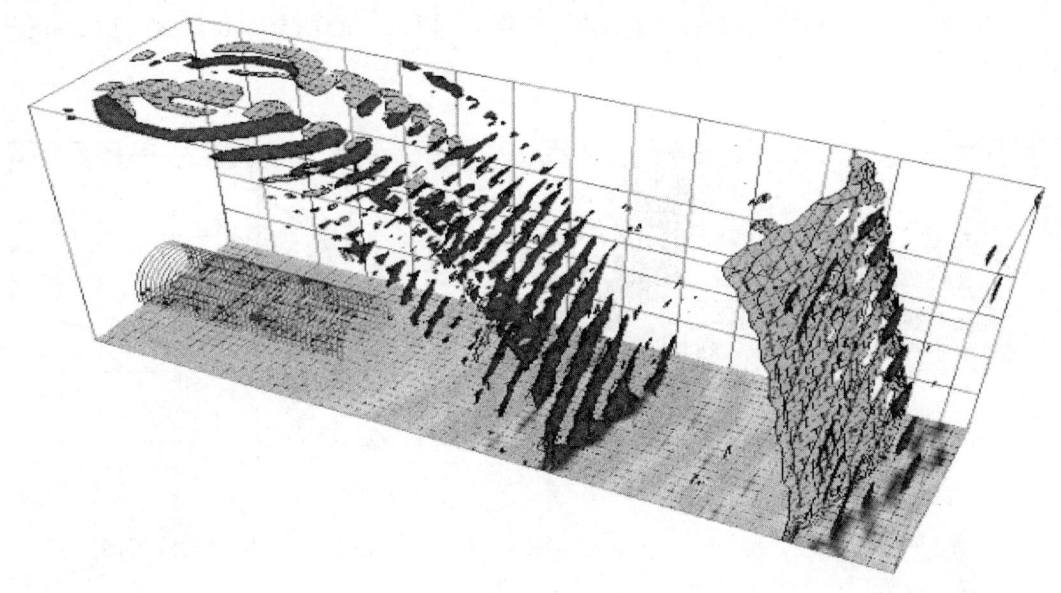

图 5-17　隧道进口 DK227+372～DK227+272 TRT6000 层析扫描立体图

(4)从地质层析扫描成像图中可看出里程 DK227+284 处为围岩界面,这与实际地质编录中里程 DK227+282 处为全断面灰岩基本吻合。

3. 隧道里程 DK227+293～DK227+140 TRT6000 层析扫描立体图(图 5-18)

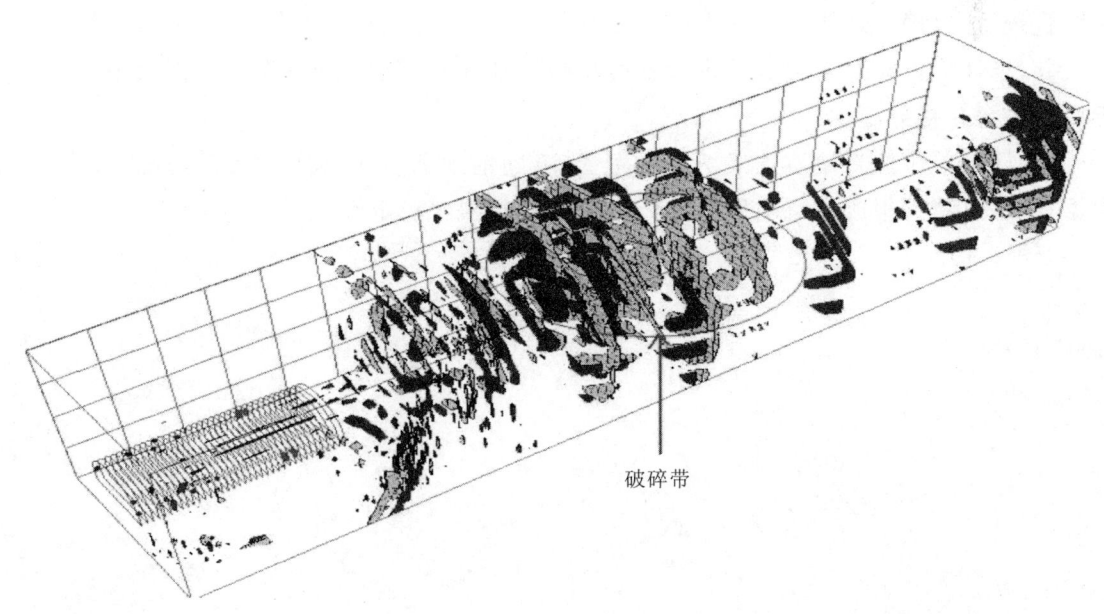

图 5-18　隧道里程 DK227+293～DK227+140 TRT6000 层析扫描立体图

4. 隧道里程 DK214+270～DK214+470 TRT6000 层析扫描俯视图(图5-19)

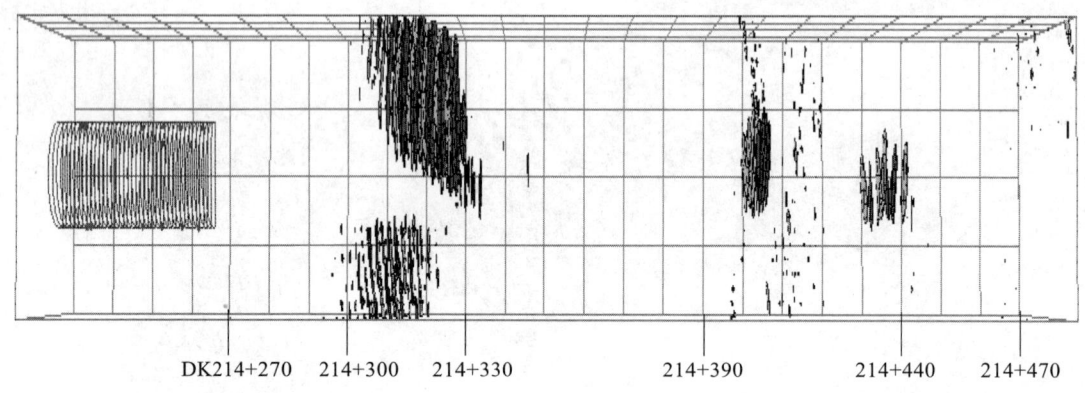

图 5-19　隧道里程 DK214+270～DK214+470 TRT6000 层析扫描俯视图

5.6　本章小结

(1)无损地球物理探测技术广泛应用在隧道施工的超前地质预报过程中。该方法预报时间短、精度高、效果好,并且对隧道施工不会有干扰(或者仅有轻微干扰)。

(2)超前地质预报应结合超前水平钻、地质素描、加深炮孔、地质雷达和物理探测的方法综合进行,以确保地质预报的准确度和精度。

(3)设计单位应对岩溶隧道进行专项超前地质预报设计,及时收集分析预报资料,完善设计方案并指导施工。

(4)施工单位应将地质预报纳入工序管理,超前地质预报施工完成后,及时收集有关数据,归纳总结预报成果,核对设计地质情况,判断围岩稳定性。

第六章 岩溶隧道施工方法

岩溶隧道处于复杂地质条件下,它受天然形成的地质状态(如地应力、地质物理参数、地下水、地质断层等因素)和人工开挖操作(如开挖方式、支护方式、支护时间等因素)影响很大。由于其所处的地质环境不同,其围岩稳定特性也不同,因此采用的支护方式和开挖方式也就与一般隧道略有不同。一般而言,在方法中的开挖工序上有差别,并更多地应用辅助工程措施。

目前隧道的开挖方式主要有:全断面开挖法、台阶法、分部开挖法、导坑法、单侧壁导坑法、双侧壁导坑法等。全断面开挖法适用于Ⅰ~Ⅲ级围岩;台阶法适用于Ⅲ~Ⅳ级围岩,上下台阶之间的距离,能满足机具正常作业,并减少翻渣工作量;分部开挖法适用于Ⅴ~Ⅵ级围岩,一般环形开挖进尺以 0.5~1.5m 为宜;导坑法适用于Ⅴ~Ⅵ级围岩,各工序安排紧凑,能保证施工安全;单(双)侧壁导坑法适用于围岩较差、沉降需要控制的隧道。而支护方式通常采用锚喷、锚网喷、锚喷网架、锚喷网加注浆、钢架支护、钢筋混凝土支护、注浆加固和预应力锚索支护等,实际应用中常常采用多次支护、联合支护等形式。

6.1 岩溶隧道施工开挖方法

岩溶隧道由于处于复杂的工程地质和水文地质条件下,无论是出露溶洞,还是隐伏溶洞,其对隧道的结构本身和隧道围岩都有非常不利的影响。这种影响不仅仅表现在勘察设计阶段,在施工过程中因施工方法的不正确等原因而造成突发性灾害事故。因此,对岩溶隧道提倡动态的施工设计,根据现场施工情况的反馈及时有效地指导隧道后续施工。

隧道施工开挖方法分为明挖法和暗挖法两大类,其中暗挖法按开挖隧道的横断面分部情形来分,又可分为全断面开挖法、台阶法、分部开挖法,当然,暗挖法中也包括 TBM 和盾构法。对岩溶隧道而言,根据实际情况可采用的开挖方法有全断面开挖法、台阶开挖法、留核心土台阶开挖法、分部开挖法等。其在方法上与一般的隧道相似,差异之处在于岩溶区段与非岩溶区段开挖工序上略有不同,并且采取更多的辅助工程措施,但所遵循的原则是一致的。

6.1.1 全断面开挖

1. 全断面开挖的特点

全断面开挖法(图6-1)是按设计开挖断面一次开挖成型,常适用于Ⅰ~Ⅲ级围岩。全断面开挖的主要特点为:

(1)全断面开挖法有较大的工作空间,适用于大型配套机械化施工,施工速度较快,且因工序少和干扰少,便于施工组织和管理。一般应尽量采用全断面开挖法。但开挖面较大,围岩相对稳定性降低,且每循环工作量相对较大,因此要求施工单位具有较强的开挖、出渣能力和相应的支护能力。

(2)采用全断面开挖,钻爆施工效率较高,采用深孔爆破可加快掘进速度,且爆破对围岩的震动次数较少,有利于围岩的稳定。但每次深孔爆破震动强度却较大,因此要求进行严格的钻爆设计和控制爆破作业。

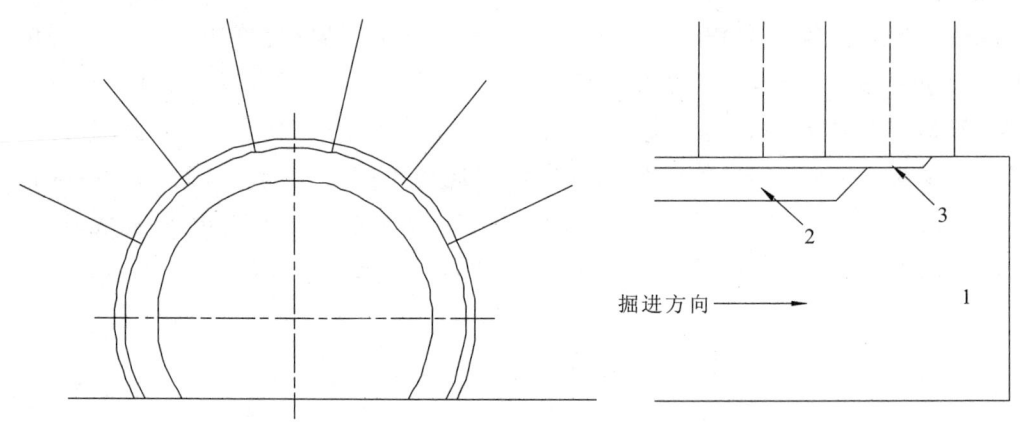

图6-1 全断面开挖示意图
1.全断面开挖;2.锚喷支护;3.模铸混凝土

2. 全断面开挖注意事项

采用全断面开挖方法的主要注意事项有:

(1)摸清开挖面前方的地质情况,随时准备好应急措施(包括改变施工方法),以确保施工安全和工程进度,尤其应注意突然发生的地质条件恶化如地下泥石流。

(2)各工序使用的机械设备务求配套,以充分发挥机械设备的使用效率和各工序之间的协调作用,力争环环相扣,在保证隧道稳定安全的条件下,提高施工速度。

(3)在软弱破碎围岩中使用全断面法开挖时,应加强对辅助施工方法的设计和作业检查以及对支护后围岩的动态量测与监控。

6.1.2 台阶法开挖

台阶开挖法(图6-2)一般是将设计断面分上半断面和下半断面两次开挖成型,也有采用台阶上部弧形导坑超前开挖的。台阶法适用于Ⅵ～Ⅳ级围岩且含软弱夹层带或节理发育地段。根据围岩的破碎程度,台阶法又可分为长台阶法、短台阶法和超短台阶法。

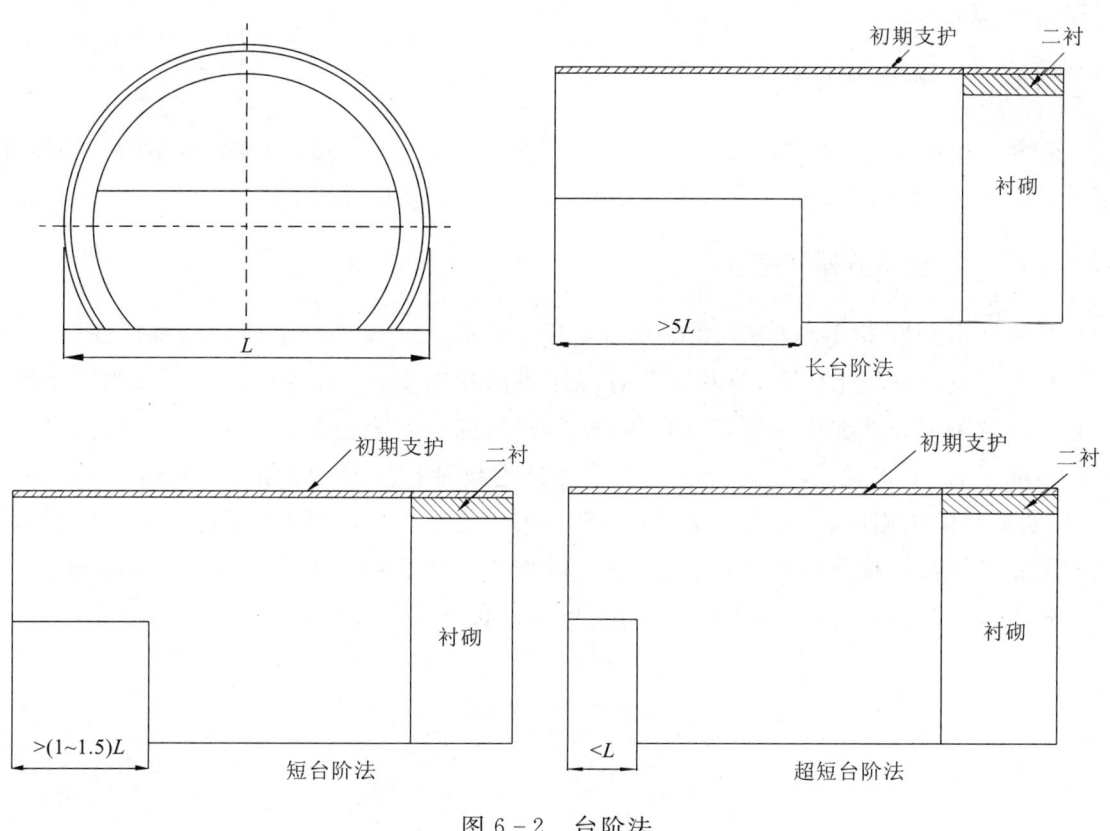

图6-2 台阶法

1. 台阶法开挖的主要特点

台阶法开挖的主要优缺点为:

(1)台阶开挖法可以有足够的工作空间和相当的施工速度。但上下部作业有干扰。

(2)台阶开挖虽增加对围岩的扰动次数,但台阶有利于开挖面的稳定,尤其是上部开挖支护后,下部作业就较为安全。但应注意下部作业时对上部稳定性的影响。

2. 台阶法开挖的注意事项

采用台阶法开挖的主要注意事项有:

(1)台阶长度要适当。按台阶长短可分为长台阶、短台阶、微台阶三种。选用何种台阶,应根据两个条件来确定:一是初期支护形成闭合断面的时间要求,围岩稳定性愈差,闭合时间要求愈短;二是上半断面施工时开挖、支护、出渣等机械设备所需的空间大小的要求。

(2)解决好上、下半断面作业的相互干扰问题。微台阶基本上是合为一个工作面进行同步掘进；长台阶基本上拉开，干扰较小；而短台阶干扰就较大，要注意作业组织。对于长度较短的隧道，可将上半断面贯通后，再进行下半断面施工。

(3)下部开挖时，应注意上部的稳定。若围岩稳定性较好，则可以分段顺序开挖；若围岩稳定性较差，则应缩短下部掘进循环进尺；若围岩稳定性更差，则可以左右错开，或先拉中槽后挖边帮。

6.1.3 分部开挖法

分部开挖法是将隧道断面分部开挖逐步成型，一般将某部超前开挖，常用的有环形开挖留核心土法、上(下)导坑超前开挖法、单(双)侧壁导坑超前开挖法等。

6.1.3.1 台阶分部开挖法

又称环形开挖留核心土法(图6-3)，适用于一般土质或易坍塌的软弱围岩地段。上部留核心土支挡开挖工作面，有利于及时施作拱部初期支护，增强开挖工作面的稳定性，核心上部及下部开挖在拱部初期支护保护下进行，施工安全性好。一般环形开挖进尺为0.5~1m左右，不宜过长，上下台阶可用单臂掘进机开挖。台阶分部开挖法的主要优点是：与超短台阶法相比，台阶可以加长，一般双线隧道为1倍洞跨，单线隧道为2倍洞跨，而较侧壁导坑法机械化程度高，施工速度可以加快。此法曾在大秦线军都山隧道黄土及断层带地段、北京地铁复兴门折返线工程中采用，取得良好的效果。

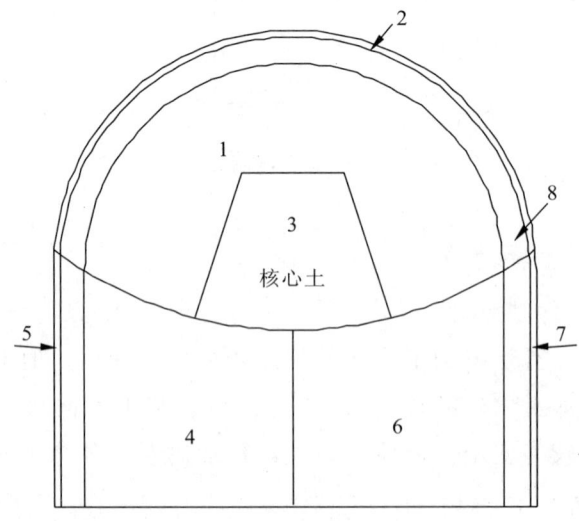

图6-3 环形开挖预留核心土

1~8为施工顺序

6.1.3.2 单侧壁导坑法(CD 法,Center Diaphragm)

一般在围岩较差,跨度大,地表沉陷难于控制时采用,此法单侧壁导坑超前(图 6-4),中部和另一侧的断面用正台阶法施工,故兼有正台阶法和双侧壁导坑法的优点,且洞跨可随机械设备等施工条件决定,此法已在北京地铁复兴门折返线,埋深与洞跨比为 0.67、宽 15m 的渡线断面中应用并获得成功。

该方法还有一些变化方法,如在开挖单侧壁导坑时也采用台阶法,并及时用斜支撑支护,一般将这种方法称为 CRD 法,如在东京市地铁隧道施工中采用了该方法,该处地铁隧道埋深从 0~10m,地层为漂砾土、细黏土、黏土、砂土等,隧道断面为马蹄形,宽 10m,高 8.5m。

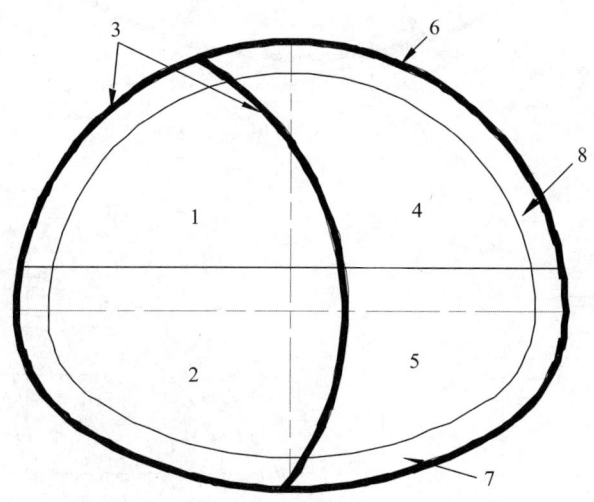

图 6-4 单侧壁导坑法

1~8 为施工顺序

6.1.3.3 双侧壁导坑法

适用于浅埋大跨度隧道(图 6-5),地表下沉量要求严格,围岩条件特别差时。此法安全可靠,但速度慢,造价高。北京地铁西单车站施工采用了该方法,该处地层主要是粉细砂、中粗砂、砾砂、中粗砂等,埋深在 6m 左右,车站长、宽、高分别为 270m、26.04m、13.5m。衡广复线上的香炉坑隧道,为双线铁路隧道,全长 238m,隧道开挖宽度 13.22m,高度 10.47m,面积约 120m^2,隧道最大埋深 28m,洞口段覆盖层厚度在 14m 以内,最小埋深仅 1.5m,该隧道采用双侧壁导坑法进洞获得了成功。

其他一些分部开挖方法见图 6-6。

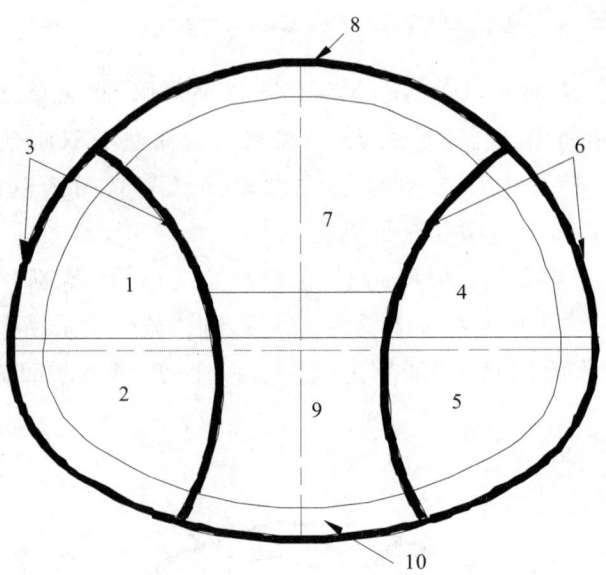

图 6-5 双侧壁导坑法

1~8 为施工顺序

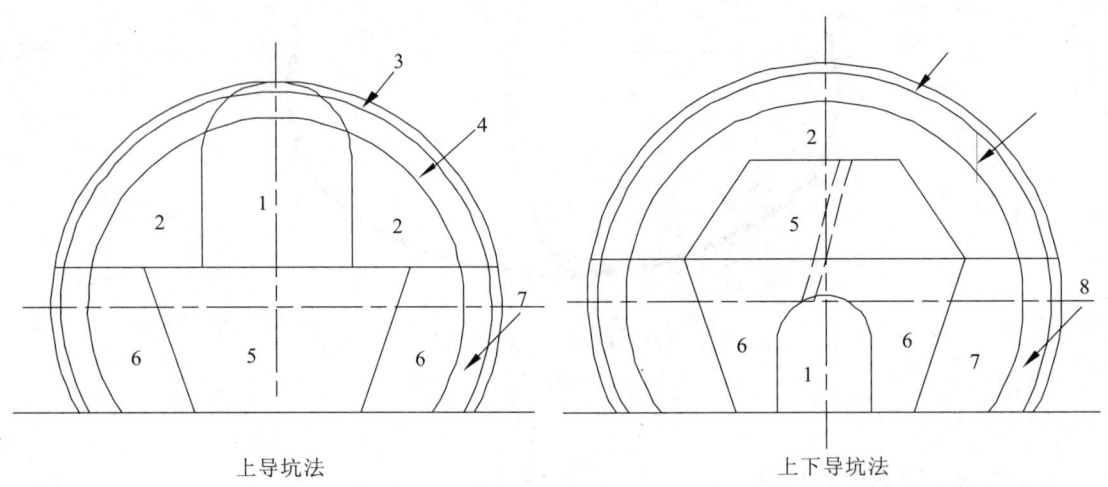

上导坑法　　　　　　　　　上下导坑法

图 6-6 分部开挖示意图

1~8 为施工顺序

1. 分部开挖法的特点

一般来说分部开挖法的主要特点为：

(1)分部开挖因减少了每个隧道的跨度(宽度)，能显著增强隧道围岩的相对稳定性，且易于进行局部支护，因此它主要适用于围岩软弱破碎严重的隧道或设计断面较大的隧道中。环形开挖留核心土法由于留有核心土支挡开挖面，有利于及时施作拱部初期支护增强开挖工作面的稳定，并使得下部开挖在拱部初期支护保护下进行，安全性较好，分部开挖由于作业面较多,各工序相互干扰较大,且增加了对围岩的扰动次数,若采用钻爆掘进,则更不利于围岩的稳定,施工组织和管理的难度亦较大。

(2)导坑超前开挖,有利于提前探明地质情况,并予以及时处理。但若采用的导坑断面过小,则施工速度就较慢。

2. 分部开挖法的注意事项

分部开挖法施工时注意事项如下。

(1)因工作面较多,相互干扰大,应注意组织协调,实行统一指挥。

(2)由于多次开挖对围岩的扰动大,不利于围岩的稳定,应特别注意加强对爆破开挖的控制。

(3)应尽量创造条件,减少分部次数,尽可能争取用大断面开挖。

(4)凡下部开挖,均应注意上部支护的稳定,减少对上部围岩及支护的扰动和破坏,尤其是边帮部位开挖时。

6.2 岩溶隧道开挖方法的选择

岩溶隧道施工的影响因素有很多,比如围岩等级、溶洞的形态、大小、溶洞与隧道相对距离和位置关系、溶洞水压力大小或者填充物状态、隧道本身断面尺寸、埋深等因素,当然还包括隧道长度和施工工期要求等,应该结合具体情况综合考虑。各种方法的一般比较列于表 6-1。

表 6-1 施工方法基本条件比较

条件	全断面	台阶法	单侧壁法	双侧壁法
隧道断面	单、双、二线	单、双、二线	双、三线	三线
围岩条件	Ⅲ～Ⅰ	Ⅴ、Ⅳ	土质、松软地层	土质、松软地层
安全性	一般	一般	较安全	最安全
施工机械	大型	大型或中型	中型或小型	小型
施工工序及工期	工序简单、工期快	工序简单、工期快	工序较多、工期较慢	工序复杂、工期慢
造价	低	低	较高	高
围岩变化时施工方法的适应性	围岩向低类变化较难适应,向高类变化适应	围岩向低类及高类变化均能适应	各种适应性不强	围岩向低类变化适应
地应力场中主应力方向由竖直向水平转移时	双、三线洞室稳定性增加,单线洞室稳定性降低	断面洞室稳定性增加最明显	洞室稳定性降低	洞室稳定性降低
施工管线布置	很方便	方便	较方便	不方便
配合辅助支护措施	不容易	很容易	一般	一般
对关键部位支护的时效性	一般	好	较好	较好

在合肥至芜湖高等级公路试刀山右线隧道穿越灰岩、泥炭岩、页岩、砂质泥岩及泥质砂岩。灰岩地段岩溶发育，分布多个中小型溶洞。隧道在开挖中遇到大型溶洞，溶洞内填充有大量堆积物，多为大粒径孤石，淤泥填充，容易坍塌。根据揭露的溶洞的地质情况，其在施工开挖方法选择上以控制围岩的变形、防止结构下沉为要求，选择了能够严格控制围岩变形的"眼镜工法"。

在圆梁山隧道中，根据地质预报的信息以及隧道特点和设置辅助坑道的要求，将其施工方法作了详细的分类：①正洞和平导在溶洞边界和物探异常区及可能发生涌泥突水地段分别使用正台阶法和全断面法；②在开挖断面位于溶腔内，充填物为碎石砂黏土，极可能涌泥突水地段分别用 CD 法、CRD 法和正台阶法；在围岩完整或有小型管道岩溶地段则都使用全断面法。

宜万铁路龙麟宫隧道 1 号大型溶洞在揭示之后，根据溶洞规模、工程水文地质条件，考虑其相对封闭体系，具备高填方之后控制沉降的自然条件，对隧底以下溶洞采用硬质岩石回填形成路基；为防止溶洞壁垮塌对铁路运营造成危害，在路基上设置明洞结构。

从以上各个工程实例来看，一般地下隧道的施工方法在溶洞隧道施工中都有应用，对隐伏的溶洞和揭示后的出露溶洞，同时考虑到溶洞的填充状况和隧道结构特点和洞室功能要求等不同组合，往往同一隧道不同溶洞段，施工开挖方法上是不同的。当然，由于各种开挖方法的固有特点，其适用的隧道断面、围岩条件、施工机械、工期、造价和对围岩地质条件的适应性是有很大差别的。故岩溶隧道的施工开挖方法上应具体灵活选择，合理处理。

6.3　本章小结

（1）隧道洞身开挖方式和开挖方法应根据地质条件、覆盖层厚度、衬砌断面、隧道长度及工期要求等，经过经济、技术比较后确定。

（2）岩溶隧道开挖应根据实际情况采取预加固、短进尺、弱爆破、强支护、早封闭、勤量测的施工原则。

第七章 岩溶隧道整治技术

岩溶隧道所处岩层地质成因复杂,具有突发性,对隧道施工危害极大,仅依靠常规方法是难以克服的。此时采用通常的锚杆、喷射混凝土层、钢支撑等初期支护难以稳定围岩,必须采用辅助工程措施:地层稳定措施和涌水处理措施。

7.1 隧道岩溶整治原则

隧道岩溶处治的技术应遵循"先探测、再处治"的原则。为了避免在隧道开挖过程中突然遇到岩溶,就需要对隧道岩溶情况进行提前探测,既在隧道施工至岩溶发育地带时,采用一定的地质超前预报技术,对掌子面前方的岩溶发育情况进行探测,根据探测到的岩溶发育情况,采取相应的措施,提前制定处治方案。

溶洞处治方案的制定应以安全和质量为主题,以"强本简末、服务运营"为目的。因此,溶洞处治方案的制定应严格遵从"保证施工安全、确保结构稳定、保障安全运营"为主导的三个基本宗旨。

岩溶处治按处治对象的不同,大致可归纳为围岩及支护结构变形、岩溶水的处治、洞穴堆积物和坍塌的处治几大类。治理这几类危害的工程措施中,有些措施既可以处理岩溶水,也可以处理洞穴和洞穴堆积物。由于溶洞发育的规模不一,施工措施应结合工程实际,根据岩溶对隧道的不同影响及具体施工条件,采取不同的综合整治措施,以求达到最经济稳定的效果。

1. 保证溶洞洞壁的稳定和衬砌结构的安全

隧道内溶洞处理首要问题是保证溶洞洞壁的稳定,从而保证支护结构的安全,保证在施工和运营期间不会因为溶洞的坍塌而危及隧道的安全。国内外在岩溶地区修筑隧道时由于洞壁的处治不当而造成洞穴失稳的例子并不鲜见。

2. 妥善处理岩溶水

隧道的修筑切断了原有的过水通道,改变了原来的地下径流。如果对这部分岩溶水处理不当,在隧道修筑过程中可能由于涌水会恶化施工条件,危及施工人员和机械的安全,破坏初期衬砌,造成工期滞后等;在运营期间出现衬砌漏水,有的甚至因为岩溶水的大量排放而造成隧道所在区域水井干涸,植被枯萎,严重影响了当地的生态环境和老百姓的生活。因此岩溶水的处理适当与否直接影响到隧道的运营安全与场区的生态环境。

3. 岩溶塌陷物的处理

隧道在开挖过程中,有时会穿越岩溶塌陷物地段,塌陷物常为碎石土夹软塑、流塑状黏性土,这种堆积物常呈松散状,易塌陷,自稳性极差。这一方面增加了隧道的开挖支护难度,另一方面由于隧底松散塌陷物的存在会造成日后隧道衬砌整体下沉,给隧道的运营安全带来隐患。

这几方面内容是相互关联,互有影响,对其处治是一个整体。实际上在岩溶隧道上的处治往往是个比较复杂的过程。

7.2 隧道岩溶段地下水的处理

7.2.1 处理原则

对隧道岩溶段地下水的处理原则是宜疏不宜堵。为防岩溶水的突水涌泥,施工中采取超前孔探测,斜井施工,平行导坑。利用平行导坑排水,其他顺坡施工隧道作业面设置两侧排水沟进行施工排水,确保施工安全。

复杂情况下应采取截、堵、排、综合治水的措施,堵水时只能改变水流方向。

7.2.2 暗沟排水

隧道穿过无填充的空溶洞,如图7-1所示顶部常有水流下,沿溶洞水流通道由消水洞自排出。为不致因修建隧道后阻塞水流通路,在隧底修建石砌暗沟使溶洞水通过暗沟仍沿原有通路由消水洞自行排出。

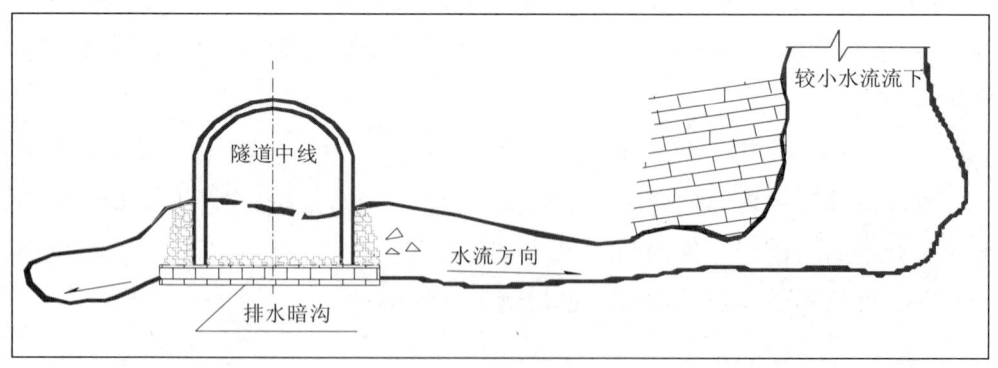

图 7-1 暗沟排水示意图

7.2.3 涵洞、泄水洞排水

当溶洞自行排水通道不畅,地下水又很发育,不足以排除溶洞涌水时;为不使溶洞地下水危及隧道安全,在溶洞底设置涵洞和泄水洞系统排水,为引水汇排,对岩层进行了钻孔引水,隧道边墙及泄水洞相应地段预留泄水孔洞,以利引水,集中汇泄水洞排除。

7.2.4 渗沟、铺砌排水

为保障水流畅通,隧底溶洞水流通道采用渗沟排水,明洞顶铺砌排水,将水引入溶洞另一侧,由溶洞自行排走(图7-2)。

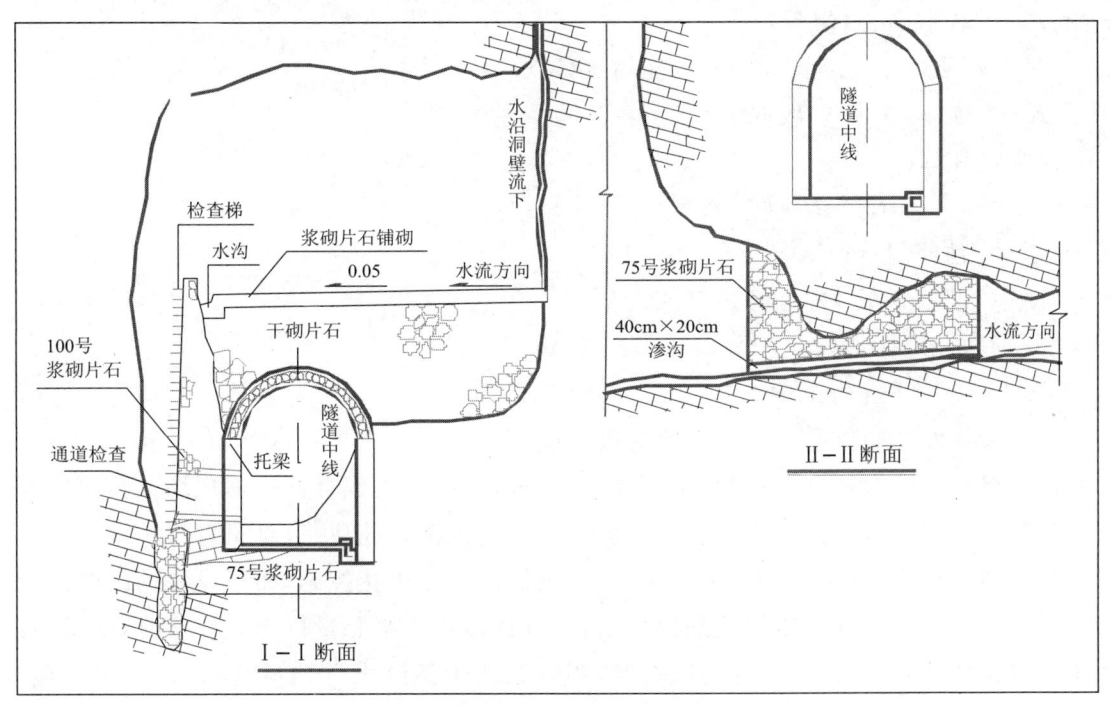

图7-2 渗沟、铺砌排水

7.2.5 注浆堵水,并加固围岩

1. 施工原则

在岩溶地区铁路隧道建设中曾遇到大量岩溶突水涌泥现象,并诱发地表塌陷和水源枯竭。当给施工和生产生活带来许多危害,对环境带来不利影响时,应采取注浆堵水。

注浆堵水是一项由软弱地层预加固技术发展而来的防治涌水灾害新技术,在松散软弱结构围岩、裂隙围岩隧道防水方面取得了显著效果。在岩溶地区铁路隧道水害处理中,亦可采用注浆堵水这一新技术。

封堵岩溶水、固结岩溶流泥,洞内注浆优于地表注浆,预注浆优于地表注浆。因岩溶相互串通,与地表直接沟通,地表注浆往往造成浆液突破表土,漫铺地面,浪费极大;后注浆是在岩溶已被施工开挖揭露,特别是当发生涌水突泥之后,所耗费注浆量极大。

2. 注浆堵水

注浆堵水加固围岩的施工方法一般分洞内和地表。洞内包括断裂岩溶富水带施工注浆和岩溶软塑状充填淤泥高压劈裂注浆,地表一般为深孔充填注浆。

(1)断裂岩溶富水带施工注浆。

浆液扩散半径:据堵水加固范围确定,遇大裂隙时适当调整。

注浆压力:按以下公式初算得出所需的压力值,然后按照注浆时的实际情况调整。

$$P=(0.02\sim 0.05)HK \tag{7-1}$$

式中:P——注浆压力(MPa);

H——受注点处至静水位的水柱高度(m);

K——修正系数,一般取 $K=1.2\sim 6.0$。

注浆量计算:

$$Q=\pi R^2 Hn\beta \tag{7-2}$$

式中:Q——注浆量(m^3);

R——浆液扩散半径(m);

n——岩溶裂隙率;

H——注浆段长度(m);

β——浆液在裂隙内的有效充填系数,取 $0.3\sim 0.9$。

注浆材料及配合比:注浆材料常用水泥、水玻璃双液浆,配合比根据现场试验选定。

注浆方式:采用前进式多次钻注法,即逐段反复加深钻孔注浆,直至设计长度。

注浆结束标准:一个区段由多孔组成,结束标准不以单孔控制,而以设计的区段控制。当最后一个孔的一次注浆压力达到设计值,并且该区段注浆总量接近设计量时,即可结束注浆。单孔注浆,以注浆压力的终值控制,当注浆压力达到设计的最终压力时,立即递减泵量;能保持设计最终压力时,即结束注浆。以止水为目的的注浆,注浆后的涌水量减少到 $20m^3/h$ 时,结束注浆。

(2)岩溶软塑状充填淤泥高压劈裂注浆加固。

劈裂注浆起始压力值的确定:

$$P_0 \geqslant 2rH + S_t \tag{7-3}$$

式中:P_0——钻孔内施加的流体压力;

r——覆盖岩土容重;

H——孔段处覆盖土高度;

S_t——岩土抗拉强度,一般破碎围岩及软塑黏泥为0。

因此,只要施加稍大于两倍于上覆盖岩土重的压力,就可使软塑黏泥劈裂。

劈裂注浆最终压力值的确定:按照岩溶软塑状充填泥在隧道洞身部位产生的地压力

值的 3.5 倍确定。地压力值采用常用的经验公式 $P=13H$ 计算，H 为隧道注浆部位的埋深(m)。

注浆量估算：按确定的注浆加固范围进行估算。

$$Q = V \cdot n \cdot a \cdot (1+\beta) \tag{7-4}$$

式中：Q——注浆量；

V——注浆固结范围的体积；

n——固结土体内的孔隙率；

a——固结土体的膨胀量；

β——浆液充填系数。

注浆材料、配合比和胶凝时间选择：注浆材料以水泥、水玻璃为主，适当掺入一些化学外加剂（速凝剂、缓凝剂）。配合比根据胶凝时间现场试验选定。胶凝时间根据注浆情况调节，一般控制在 3~5min 内。

注浆方式：采用封闭分段前进式注浆，每次钻注长度按 5~10m 依次递增。

注浆结束和质量检查标准：注浆压力达到设计终压值时，稳定 20~30min，即可结束注浆。注浆质量检查，采取在每个注浆工作面钻 2~3 个检查孔，取岩芯实验，拱部达 0.2~0.25MPa，隧底达 0.1MPa 时为合格。

(3) 地表深孔充填注浆加固堵漏。

注浆压力：

$$P = (1.2 \sim 1.5)Hr/10 \tag{7-5}$$

式中：P——工作压力(MPa)；

H——受注点至静水位的水柱高度(m)；

r——水的比重。

注浆终压力：

$$P = (2 \sim 3)Hr/10 \tag{7-6}$$

注浆量：每一个注浆孔注入量采用下式计算：

$$Q = \lambda \pi R^2 H n \beta / m \tag{7-7}$$

式中：Q——注浆量；

λ——浆液损失系数，一般取 1.5；

R——浆液扩散半径；

H——注浆段高，即充填加固层厚度；

n——岩溶空洞率，根据涌泥坍方、地表陷坑情况进行考虑；

β——浆液在岩溶裂隙、空洞内的有效充填系数，一般取 0.8；

m——浆液结石率，一般取 0.8。

注浆材料、配合比及凝胶时间：注浆材料主要采用水泥、水玻璃双液浆，参入适量外加剂。配合比根据凝胶时间现场试验选定。胶凝时间一般为 3~5min。

注浆方式:采用分段式注浆,将需要注入充填加固层内的浆液分次钻注。为防止注浆孔孔壁坍塌和浆液注入时在地层中上串流失,在注浆层顶面以上每个钻孔用钢套管护壁,采取注浆孔孔口封闭止浆,当洞内出现串浆时,主要采取逐渐加大双液浆玻璃波美度。

注浆结束标准及质量检查:在正常情况下,注浆压力由小逐渐增大,注浆量由大到小,当注浆压力达到设计终压时,稳定20~30min即可结束注浆。遇到大裂隙时,压力上不去,进浆量很大的情况下,经过浆液浓度的变换,仍达不到终压与注浆量的标准时,采取间歇注浆办法,待养护24h后复注,以控制设计的注浆量和达到设计终压。

注浆质量通过钻孔并取岩芯,观察浆液充填裂隙的饱满程度,调节注浆参数。

7.3 小型溶洞的处理

对地下水不发育的小溶洞,采用浆砌片石或干砌片石回填处理,必要时压浆填充。

7.3.1 浆砌封闭,回填压实

对隧道侧墙通过溶洞,经调查及雨季中考验证明溶洞水对隧道无影响时,施工中采用回填封闭处理。隧道底部用片石混凝土回填,靠边墙1m范围内用浆砌片石回填,其余回填弃碴,空隙吹砂填满,压注水泥砂浆胶结(图7-3)。

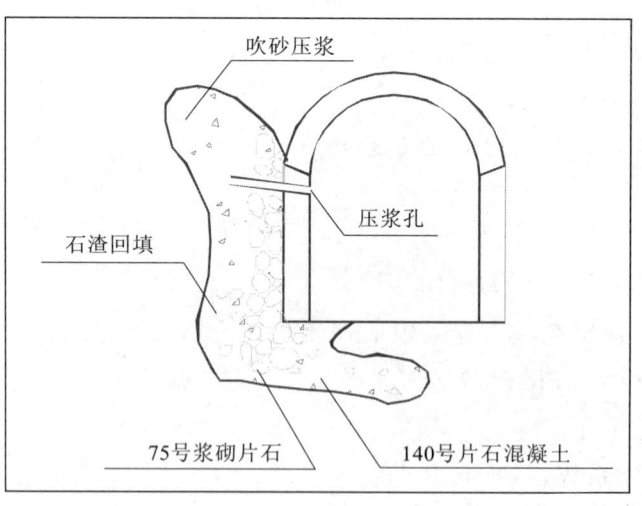

图7-3 封闭(回填)处理图

7.3.2 隧道回填,上部护拱防护

当某隧道穿过垂直发育的溶洞,溶洞无充填物、干燥、高大,洞壁有溶实裂隙,但已停止发育。处理措施:在隧底以下部分用块石、碎石回填密实,距隧底1m厚度用浆砌片石回填,拱顶浆砌片石护拱厚1m,其上回填一定厚度的干砌片石,以防溶洞有落石掉块时,起到缓冲作用(图7-4)。

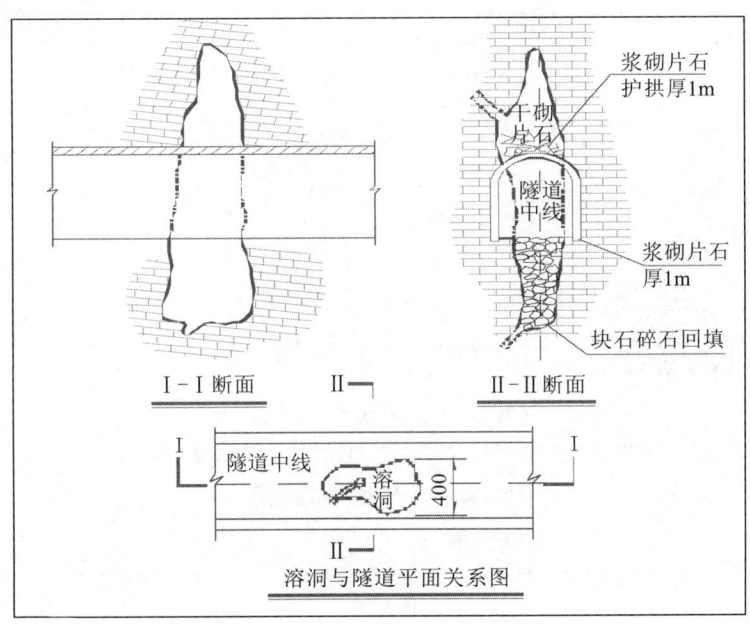

图 7-4 护拱防护处理图

7.3.3 换填片石，加强衬砌

在处理规模较小、沿裂隙发育的槽状溶洞时，溶洞有充填物。其处理措施为：拱部及边墙部位上的溶洞在衬砌外缘设 1.0m 厚浆砌片石，对隧道底部溶洞（如无充填物用洞碴回填），向溶洞方向扩挖 1.5m，回填浆砌片石，其上再作 50cm 厚混凝土，混凝土内设 P43 钢轨。

7.3.4 隧底底板梁处理

对隧道底部为充填或有不需其他措施处理的小型空洞可采用底板梁加强衬砌通过。如图 7-5 所示，将隧道铺底或仰拱设计为平板型，在底板及边墙下部加设钢筋，灌注钢筋混凝土，共同形成钢筋混凝土梁。

7.4 规模较大溶洞的处理措施

7.4.1 支顶加固

支顶加固通常采用的措施有支承墙、柱、拱以及嵌补等。

1. 支承墙加固

处理措施：清除填充物，用浆砌片石墙支顶加固溶洞顶板；底部水流通路处设置涵洞，排泄溶洞水；隧道边墙留检查孔道，加防护铁路链或栅栏等防护设施，以确保安全（图 7-6）。

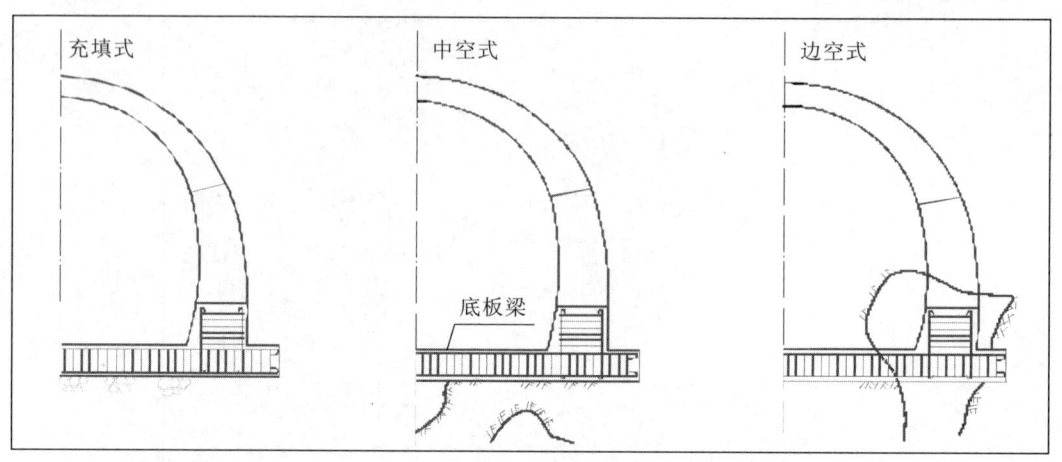

图 7-5 底板梁处理图

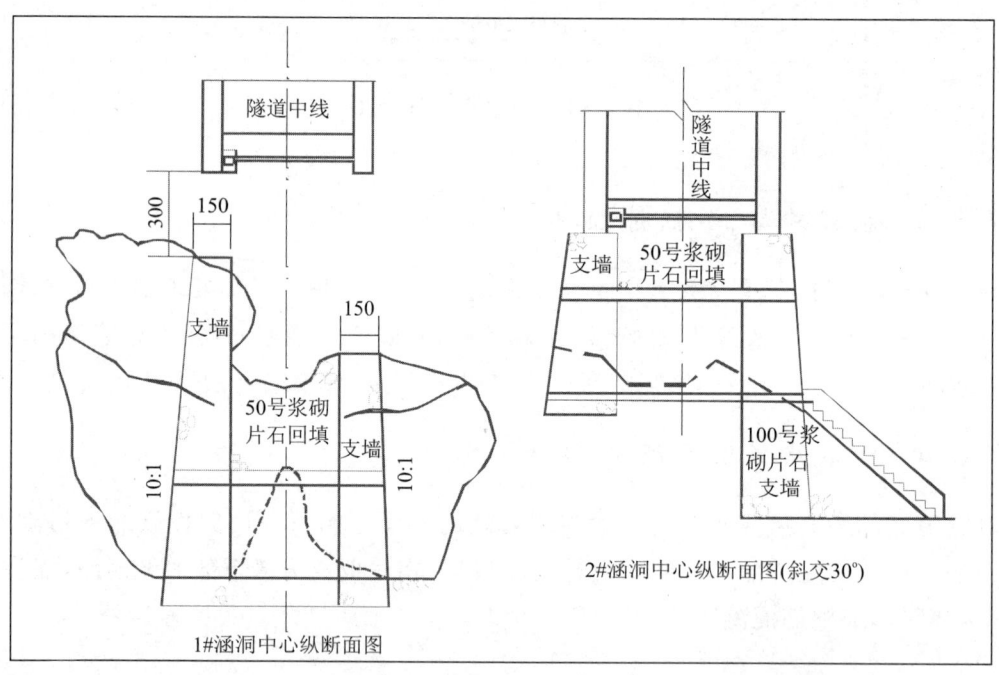

图 7-6 支承墙加固图

2. 支承柱加固

处理措施：根据溶洞形态的不同，采用支承柱，嵌外加固溶洞顶板，回填空隙并压浆加固溶洞基底，如图 7-7 所示。

支承柱采用圬工支承柱间隔加强顶板，以减少顶板悬空跨度，柱的间距根据顶板厚度和节理、溶缝发育情况，考虑稳定及受力条件确定。

对空洞采取混凝土基础的浆砌片石柱子以支顶加固后，进行隧道正常施工。

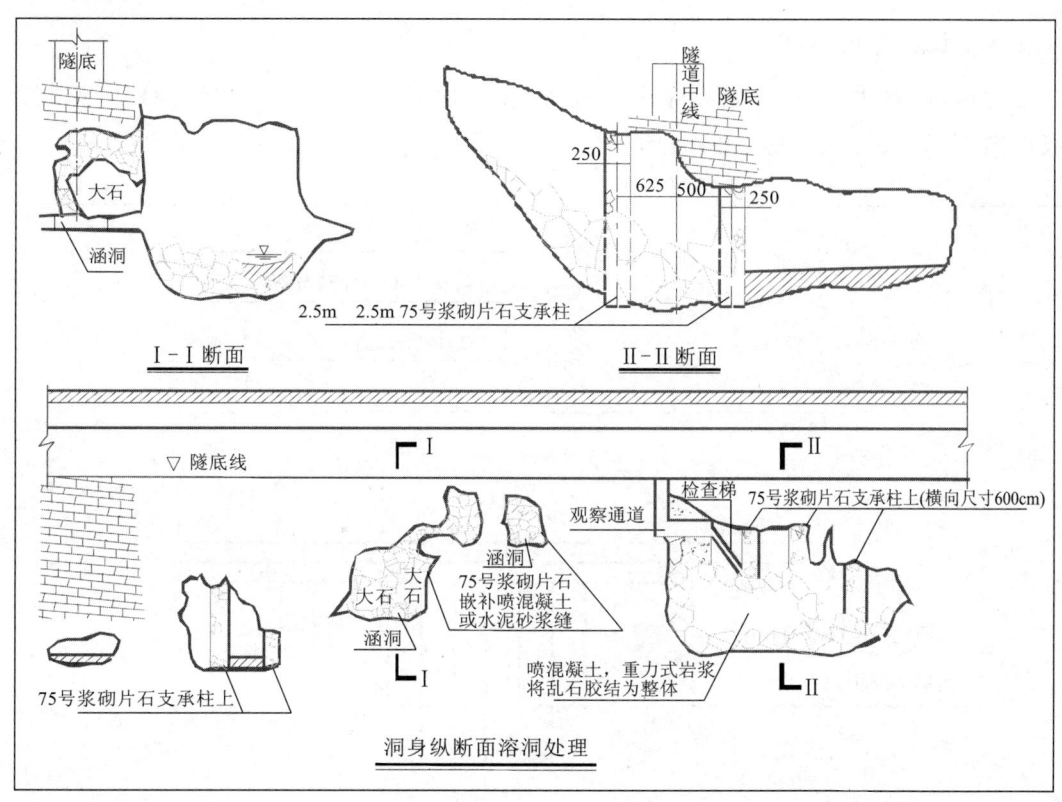

图 7-7 支承柱加固图

3. 拱桥支顶加固

对于因溶洞填充松散的情况，不宜采用墙、柱支顶，回填加固不牢靠，而采用注浆施工工程费用高，可采用钢筋混凝土拱支顶加固（图 7-8）。

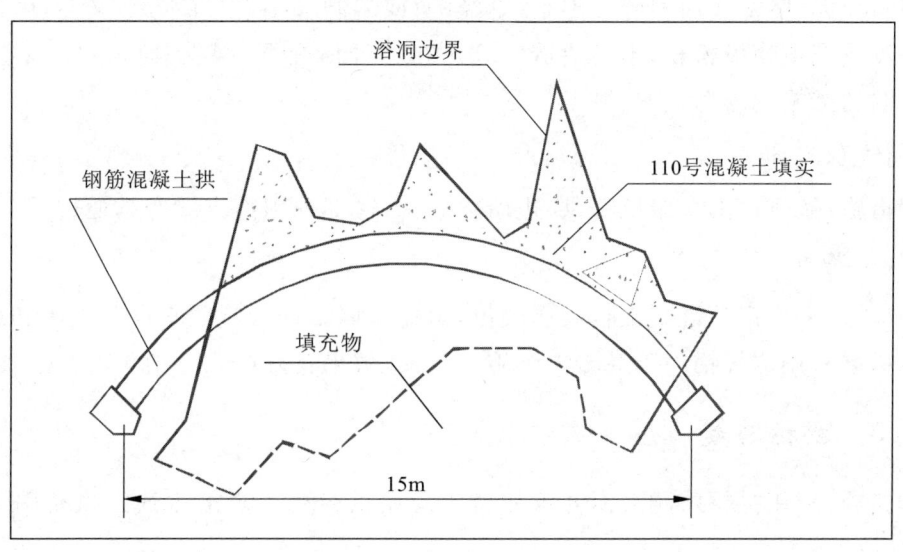

图 7-8 拱桥支顶加固图

4. 挖孔桩支顶加固

处理措施：对大深度的溶洞，采取挖孔桩，桩底面嵌入基岩内，桩顶钢筋伸入钢筋混凝土底板内，与底板连成一体（图7-9）。

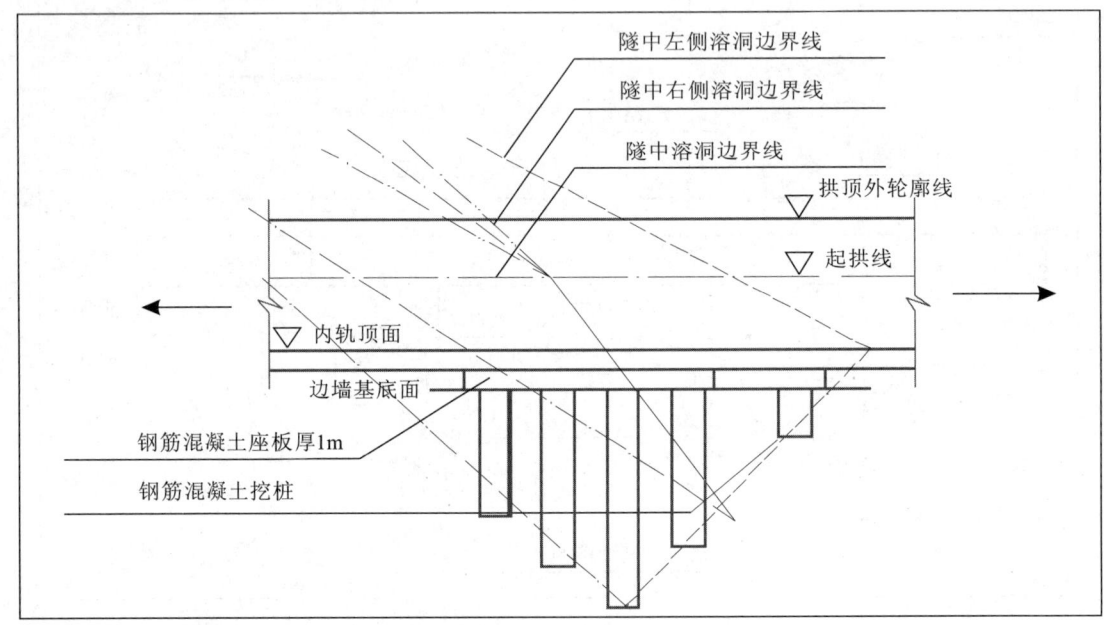

图7-9 挖孔桩支顶加固图

7.4.2 跨越通过溶洞措施

如溶洞较大，堵塞或加固施工困难，不经济；或溶洞虽小，但有水流，又不宜堵塞；还有的溶洞深浚或充填物极松软，不易建造基础。在这种情况下，根据具体条件，采用从结构上跨越溶洞的措施。

1. 简支梁跨越

处理措施：隧道衬砌采用拉杆拱、边墙梁结构，底部采用简支梁跨越通过。

2. 栈桥跨越

处理措施：采用钢筋混凝土板梁作底板，承托边墙。托梁分别支承于支墩和悬臂横梁上。悬臂横梁采用锚杆锚固于基岩内。施工简便，效果良好（图7-10）。

7.4.3 拱桥跨越

处理措施：采用拱桥跨越溶洞并承托道床及墙拱衬砌。岩溶水通过拱桥引入泄水洞排出。

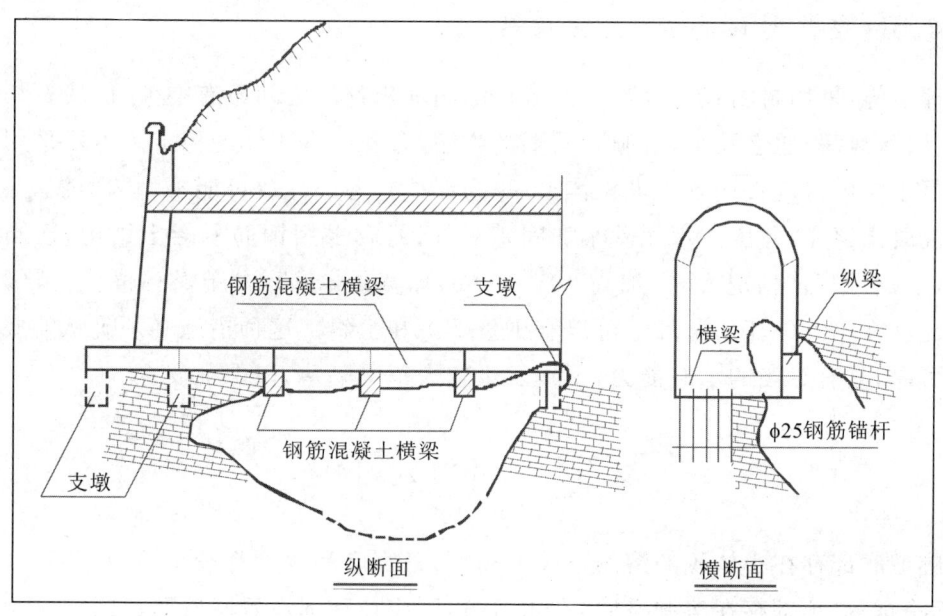

图 7-10 栈桥跨越示意图

7.4.4 边墙拱跨越

处理措施:采用拱脚下边墙部位设混凝土拱跨越,拱内为防堆积物内挤,另设挡墙支挡(图 7-11)。

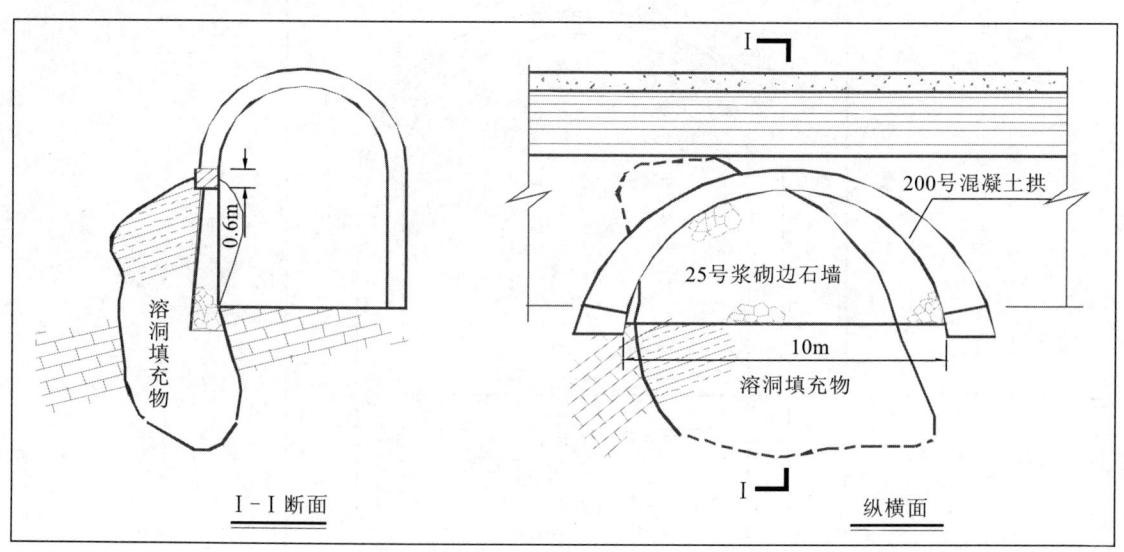

图 7-11 边墙拱跨越示意图

7.4.5 整体衬砌浮放，支托跨越

处理措施：采用封闭式衬砌整体浮放。溶洞堆积物块之间虽有空隙，但块石相互咬接较紧，底层暗河深，通道较小，溶洞断面下部收缩，有利于堆积体的稳定。本段采用封闭式钢筋混凝土整体衬砌直接置于堆积体上（称为浮放），考虑浮放可能不均匀下沉，除堆积体孔洞用混凝土填充，并压注水泥砂浆加固基底外；衬砌采用钢筋混凝土结构，适当加大衬砌净空（根据堆积体情况，净空加高 50～100m，加宽 40cm）。分节整体灌注，节间预留沉降缝。允许在不致破坏的条件下可以有少量下沉和歪斜。这种措施必须确认隧底的堆积体稳固可靠，具有相当的承载能力，不致发生较大范围陷落，以保证安全。

7.5 暗河处理

如隧道底部存在小体积的溶洞空腔或暗河，且宽度和深度都较小，可在隧道底部设置暗涵、管跨越；如顶部存在溶洞空腔，有水流过，则应在顶部设置暗管跨越或将水引入隧道底部跨越。

如隧道底部存在大体积的溶洞空腔，且宽度和高度都较大，可采用桥梁跨越（图 7-12）。但施做墩、台时，一定要探明河底的地质情况，合理选取桩的受力形式，确保基础具有足够的承载能力。

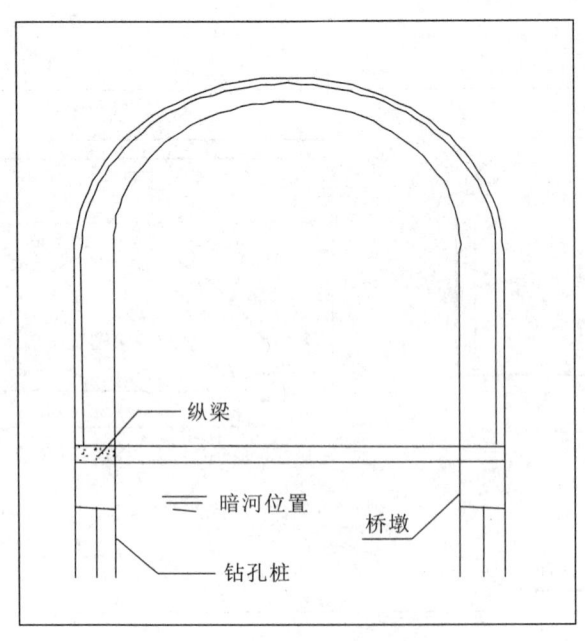

图 7-12 桥梁跨越暗河

第七章 岩溶隧道整治技术

某隧道出口在施工中揭示一地下暗河，与线路方向呈38°角斜穿隧道。右边墙处出露一溶洞口，近似圆形，直径约1m，溶洞中心高程为轨面以下0.5m；左边墙位置出露一溶洞口，直径约1.5m，溶洞中心高程为轨面以下0.8m。两溶洞通过隧底连通，洞内长年有水，左侧溶洞水流明显大于右侧溶洞，可以判定，左侧溶洞水为右侧溶洞水及其他方向溶洞水的汇流。溶洞被揭示后，两侧溶洞水通过隧道排泄，旱季涌水量1920m³/d，雨季水量成倍增长，溶洞水具有弱腐蚀性。通过调查地表，发现在隧道左侧有一暗河出口，为当地百姓灌溉用水源，隧道开挖后，暗河洞内断流。此种情况下采取以下措施（图7-13）：

（1）为了保证隧道施工、运营安全，溶洞影响段隧道衬砌由原设计Ⅱ级曲墙C20耐腐蚀混凝土改为Ⅲ级C20耐腐蚀混凝土。

（2）隧底增设1.5m×2m的涵洞，墙身、基础、盖板均采用C20耐腐蚀混凝土。施工前，清除隧底溶洞内填充物，涵洞基础范围以外部分用C7.5混凝土回填。

（3）因为隧道内原设计排水沟已不能满足排水要求，另外也为了恢复百姓灌溉用水源，确定采用泄水洞方案。泄水洞断面2m×6.5m。泄水洞与正洞连接段及出口段设衬砌，其余段落喷射混凝土，衬砌及喷射混凝土均采用耐腐蚀性的材料。

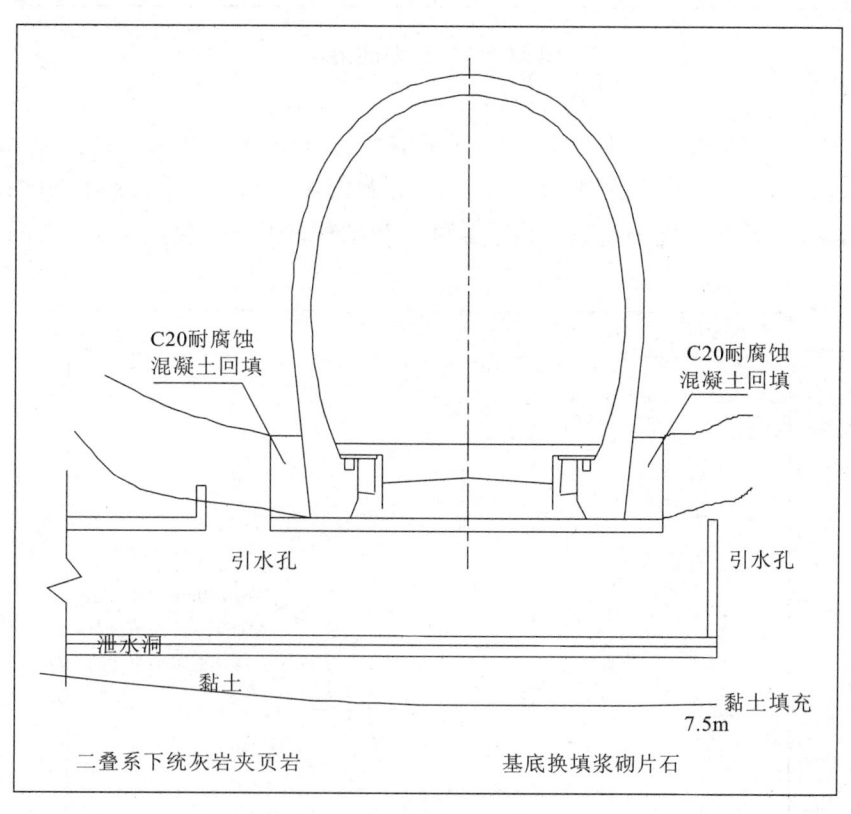

图7-13 暗河处理

7.6 通过连通地表的溶洞

根据勘测资料和施工现场观测,当地表自然沟床、汇水洼地发现有溶穴、落水洞、漏斗、竖井等为隧道地下水补给来源,补给量随季节变化,则采用拦截地表水的方法。如为自然沟槽,采用在溶穴、落水洞、漏斗、地表陷穴四周施作浆砌片石排水沟的方法。如地表为一溶蚀封闭洼地,则可采用截水沟、泄水暗管,泄水暗管将水引到隧道渗泄区以外(图7-14)。

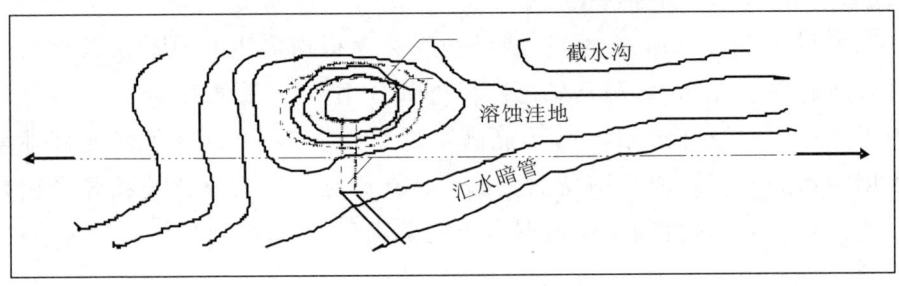

图 7-14 地表的溶洞

某隧道在施工中遇到一纵向长 5m 与地表连通的溶洞,溶洞与隧道开挖面位置见图 7-15,该段隧道拱顶覆盖层厚 10m 左右。溶洞内填充黏土质淤泥,自稳性极差,施工中,填充物全部塌陷。经现场观察,竖向溶洞岩壁结构较完整,裂隙少,无支洞,采取回填

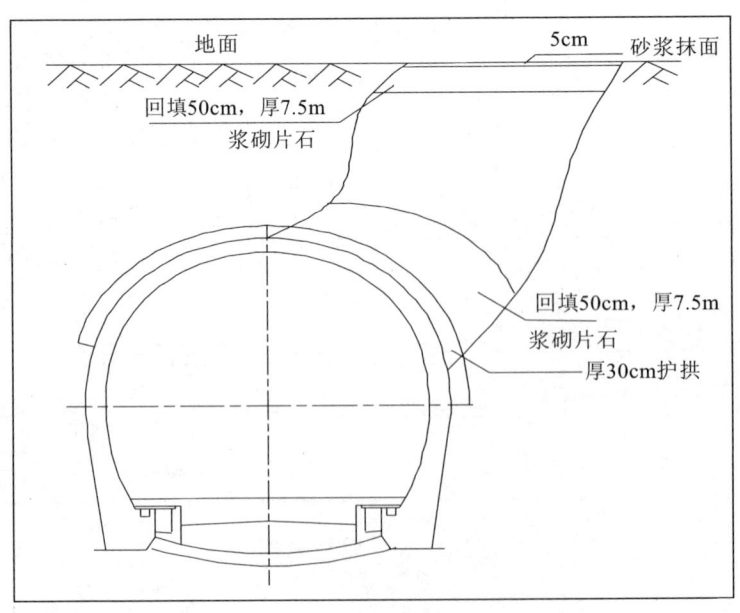

图 7-15 连通地表的溶洞处治

封闭的措施。该段原设计衬砌类型及厚度不变,增设厚30cm混凝土护拱。封闭地表并设截水沟;洞内增设复合式防水板及环向排水管盲沟。

7.7 岩溶充填物的处理

一些比较大的溶洞揭示后,溶洞顶板不断剥落及部分隧道弃砟堆填,隧底空洞已被塌落的巨石、块石堆积,空隙较大,易发生不均匀沉降,为有效控制工后沉降量,有时可考虑采用复合地基加固处理(图7-16)。

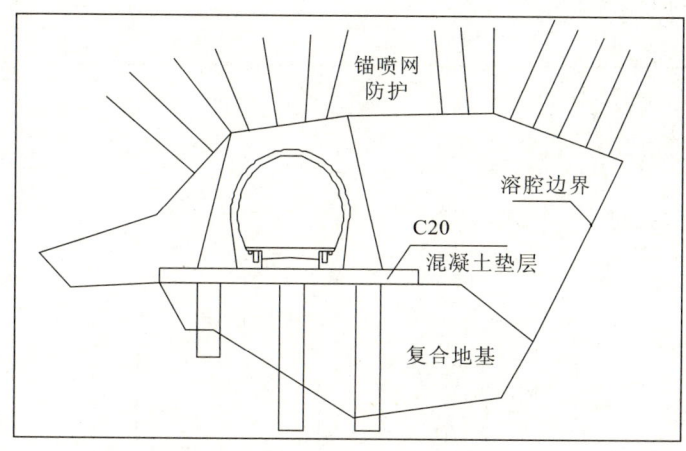

图7-16 复合地基加固处理

对径跨较小、无水或少水的溶洞,可采用混凝土、浆砌片石或干砌片石回填封堵并预留泄水孔,对隧道拱部溶洞喷锚支护加固洞壁或加设隧顶护拱等措施。

岩溶洞穴有填充物,其一般下沉量大、强度低、稳定性差,大多由泥砂及其混合物组成。当隧道必须穿越时,隧道基底可采取换填、注浆加固、钢管桩、旋喷桩等方法来处理。

对于充填淤泥的岩溶隧道:在隧道施工中,采取综合超前地质预报表明前方存在大型充填淤泥质溶洞时,应停止施工,封闭掌子面。然后采用超前预注浆加固淤泥质地层,并采取超前大管棚支护,台阶法开挖。开挖后及时进行径向补充注浆,及时施作加强型二次衬砌结构。

对于充填粉质黏性土型的:在隧道施工中,采取综合超前地质预报表明前方存在大型充填粉质黏土层时,鉴于粉质黏性土层有一定的自稳能力,对于拱部及边墙的溶洞可采用超前小导管支护,必要时在隧道拱部设大管棚超前支护,分部开挖,钢架支撑的处治方案,开挖后及时进行径向加固注浆。基底的溶洞可采取钢管群桩或高压旋喷桩进行加固处置。加固后及时施作二次衬砌结构,根据水压力测试结果确定是否采取抗水压二次衬砌结构形式。

对于充填粉细砂型的:在隧道施工中,当综合超前地质预报表明前方存在大型充填粉细砂层溶洞,应停止施工,封闭掌子面。先采用全断面超前预注浆的形式加固粉细砂层,必要时在开挖之前,再采取超前大管棚支护,然后开挖,开挖时采用台阶法或CRD工法,开挖后立即进行径向补充注浆,然后进行水压力测试,根据测试结果,确定是否采用抗全水压二次衬砌结构形式。

对于充填石块型的:在隧道施工中,当综合超前地质预报表明前方存在大型充填块石土型溶洞,应停止施工,封闭掌子面。先采用全断面超前预注浆的形式加固块石土,再采取超前大管棚支护,然后开挖,开挖时采用台阶法或CRD工法,开挖后立即进行初期支护,初期支护采用加强型(增加钢架支撑或者缩短钢架支撑间距),必要时采用C30钢筋混凝土二次衬砌结构形式。

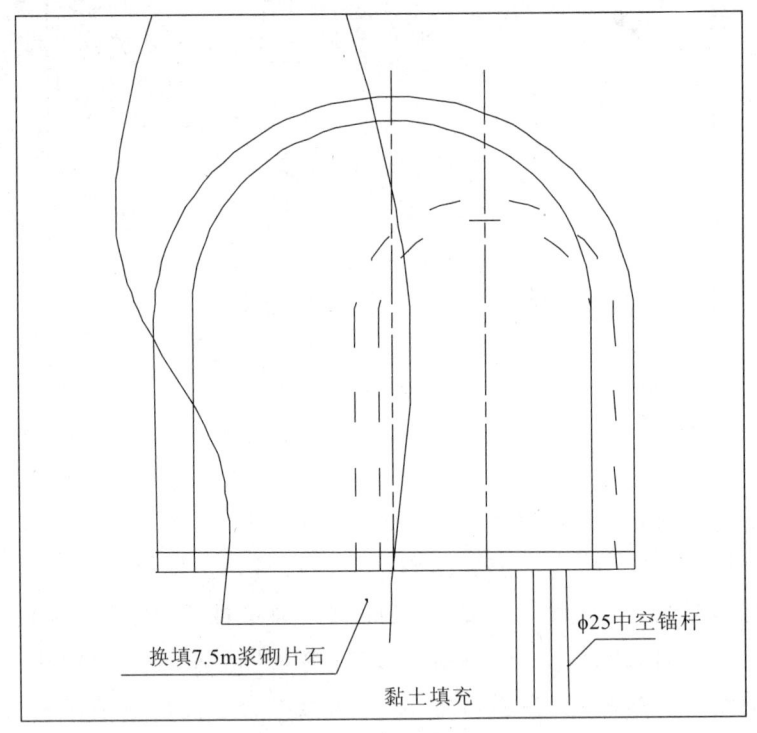

图 7-17 填充物处治

某隧道在施工时发现一基本与线路同向的溶槽,该溶槽长58m,宽1~4m,一端与线路呈约45°角斜向横跨隧道断面。竖向贯穿隧道顶部及底部,深度不详,估计在15m以上,在线路右侧占据边墙衬砌位置,并向隧道外侧延伸。溶槽内填充黄色软塑状黏土,为100kPa左右,拱顶溶槽有少量水渗出,底部未发现水流,围岩为风化颇重的灰岩。

经现场调查认为,该溶槽基本无水且停止发育,处理时不按岩溶管道考虑,采取以下处理措施:

(1)溶槽侵入隧道净空的段落,清除充填物并扩挖,加宽、加高隧道净空,使隧道衬砌落在稳定基岩上,同时加厚衬砌,拱部衬砌设单层钢筋网,以确保隧道的运营安全。

(2)斜向横穿隧道的段落,保持原设计衬砌类型、厚度不变,增加厚1m浆砌片石护拱。

(3)因纵向溶槽位置不直接承受动荷载,隧底换填浆砌片石,换填深度1.5m,相应段落的铺底改用钢筋混凝土;同时在右侧铺底中按间距1m设$\phi25$、单根长3m的中空注浆锚杆,以增强铺底与溶槽异侧基岩的整体连接。

(4)溶槽斜向横跨隧道的段落,隧底用钢筋混凝土盖板跨越,按同跨度的桥涵盖板施工;对应段落的衬砌边墙底部增设双排、双层钢轨跨越,以满足承载力要求。

(5)溶槽未出露段适当增加长3.5m的中空注浆锚杆,梅花形布置,间距1m,锚杆锚固深度3.15m,预留35cm在衬砌混凝土中,以增加衬砌与溶洞侧壁基岩的整体连接。

7.8 大型干溶洞处治

对洞体充填丰满,或难于回填,或不宜填塞的大型干溶洞,应因地制宜进行处理。原则上拱部及边墙主要采取回填措施,基底处治应根据其不同的发育特点采取有针对性的处治方案。

型钢混凝土+板跨方案:当隧道基底处的溶洞深度很深,同时溶洞纵向跨度不大(一般小于3m)时,采用隧道弃渣回填量大,并有可能影响地下水通道,宜采用型钢混凝土+板跨处治方案。型钢多采用钢轨、工字钢等强度较高的钢材。

托梁+板跨方案:

(1)隧道基底处的溶洞,可采取洞渣回填后,采用"托梁+钢筋混凝土板"的跨越结构处治溶洞,托梁断面一般采用宽(1~1.5m)×高(1~1.8m),托梁两端置于完整基岩上的长度不小于2m,钢筋混凝土板厚度一般为0.8~1.5m。

(2)溶洞发育及影响段初期支护和二次衬砌采取加强结构形式。在初期支护一般可采用增加配筋率、缩短钢拱架距离,二次衬砌中增加钢筋网,必要时采用增加钢拱架的形式。

钢管群桩加固方案:当隧道基底处的溶洞深度较深时(5~20m),宜采用钢管群桩加固处治方案。

(1)基底采取隧道弃渣回填,同时对弃渣采取钢管群桩加固。钢管桩直径一般为$\phi75$。注浆钢管桩梅花型布设,间距(0.6~1m)×(0.6~1m),注浆管进入基底基岩深度不得小于0.6m。采用普通水泥浆,水灰比0.6:1~0.8:1,注浆终压1.5~2MPa。

(2)隧道底部采用钢筋混凝土底板,厚度宜为0.8~1.5m。

(3)溶洞发育及影响段初期支护和二次衬砌采取加强结构型式。在初期支护一般可采用增加配筋率、缩短钢拱架距离,二次衬砌中增加钢筋网,必要时采用增加钢拱架的形式。

桩基+承台方案:当隧道基底处的溶洞纵向发育范围较大,基底深度较深时(20~

30m),宜采用桩基托梁处治方案。在制定处治方案时,首先要对溶洞的地质情况做详细的调查,先对溶洞做一定的防护处理后,再采用桩基托梁处治方案。设计时要计算桩的承载力,通过计算确定桩基布设方案和承台厚度。

7.9　岩溶隧道洞内的预加固方法

岩溶隧道预加固一般使用的是注浆加固方法。注浆加固是把具有充填和凝胶性能的浆液材料,通过配套的注浆机具设备压入所需加固的地层中;经过凝胶硬化作用后充填和堵塞地层中裂缝,减小注浆区地层渗水系数及坑道的渗漏水量,并能加固软弱和松散岩体,使围岩强度和自稳能力得到提高。注浆加固围岩适用于下列地层:Ⅴ~Ⅵ级软弱围岩地段;断层破碎带地段;水下隧道或富水围岩地段;塌方或涌水事故处理地段及其他不良地质地段。

7.9.1　注浆加固的原则

岩溶隧道注浆加固设计的原则:
(1)功能性原则:针对工程目的和要求,注浆方案的可用性、可靠性等功能要求。
(2)适应性原则:指注浆工程适应工程性质、条件、外部环境及其变化程度。
(3)可实施性原则:指注浆方案中的工地规模、有关参数和技术指标,在目前的技术水平条件下是可行的。
(4)经济性原则:注浆方案通过技术经济比较,投入产出分析,在满足功能性要求的前提下,工程费用较低,建设单位能够承受。在确定采用后应采用先进技术,优化注浆方案,合理使用材料。
(5)环境原则:避免污染环境或最大限度地减少污染,包括避免或减少材料的毒性,粉尘、有害气体及析出物、固化物,降低施工过程中的噪音。
(6)安全性原则:指注浆方案能保障结构和相邻建筑物安全,保证施工人员安全。

7.9.2　隧道注浆分类

隧道注浆设计根据使用功能可分为周边注浆、超前预注浆、超前及地表注浆;根据使用效果又可分为止水注浆与加固注浆;根据注浆为填充注浆、渗透注浆、劈裂注浆、化学注浆和高压喷射注浆。

1. 周边注浆

岩溶隧道内周边注浆是指采用注浆方式对开挖掌子面前后围岩进行加固。它又可分为周边加固注浆和周边回填注浆。周边加固注浆一般应采用水泥浆液,对于需要达到部分止水功能时可以采用水泥-水玻璃双组分浆液,当需要回填部分较大空隙时也可以采用水泥砂浆作为注浆材料。周边加固注浆主要用于Ⅴ~Ⅵ级围岩地段,一般采用钢花管或中空锚杆来实现,通过注浆提高围岩自身承载能力,提高岩体对结构的弹性抗力、改善结构受力条件来实现。回填注浆则通过预埋或后期安装的注浆短管进行,主要用于回填初期支护与围岩之间、二次衬砌与初期支护之间的空隙。

2. 超前预注浆

岩溶隧道内超前预注浆是指通过超前小导管、超前自进式锚杆以及超前长棚等对开挖面前方岩体进行加固的一种辅助施工方法。在Ⅴ级围岩地段,特别是岩腔内地下水较丰富的地段,一般应考虑注浆预加固周边岩体。注浆一般应先采用单组分的水泥注浆,如单液注浆效果差,可采用水泥-水玻璃双液注浆。下面简单介绍一下超前小导管注浆。

小导管注浆在地下洞室开挖前就相应改变了围岩的初始应力状态,因此直接影响了二次应力状态的结果。在形成二次应力过程中,小导管将起到支撑梁和锚杆的作用,因而诱导改变二次应力分布状态,产生有别于未加固围岩的二次应力状态;另外,注浆后改变了岩体的变形参数(E、μ)和强度参数(C、f),使 E、C、f 值提高,μ 值减小,这样就提高了围岩本身的自稳能力。通过这两方面的作用,使得地下洞室在开挖时,围岩塑性区出现的时间得到延缓,并使围岩的塑性区域减小。

小导管注浆可以加强围岩的力学性能,提高围岩的力学参数,主要通过以下途径实现:小导管本身加固围岩的原理和锚杆加固围岩的原理相似,可以分为组合、联结和整体加固原理;另外注入地层的浆液以填充、渗透和挤密等方式,赶走土颗粒间或岩石裂隙中的水分和空气,并占据其位置,经人工控制一段时间后,浆液将原来松散的土粒胶结成一个整体,形成一个结构新、强度大、防水性能良好的"结石体"。

小导管注浆加固范围由地质情况、开挖长度和断面尺寸决定。在施工过程中,一般根据地质情况的相对好坏确定采用单排管还是双排管。小导管注浆能够加固的范围就是其设计加固范围。如果双排管还不能满足施工要求,则说明小导管注浆作为超前支护已经不合理,应该选用其他预加固措施。加固厚度是指双排管所能达到的径向加固范围,其径向加固范围由注浆半径确定,根据注浆理论半径和试验确定小导管的直径。根据小导管注浆技术特点,为满足施工现场的要求,小导管的直径一般为 32~60mm。太大则很难用简单的工具钻眼和打入,此时则趋向于用大管棚方法;太小则起不到导管的支撑和注浆通道的作用,此时则趋向于用地层注浆方法。

小导管自身加固原理如下。

(1)小导管的锚杆作用。小导管锚杆作用原理主要是自身加固原理,主要包括联接原理、组合原理和整体加固原理三种。在隧道中以哪种为主,要根据地质条件和锚杆形式综合分析。无论以哪种为主,小导管自身的其他作用都同时存在。也就是说,往往是两种或三种的综合作用。

1)联接原理。隧道围岩存在不稳定的岩块和岩层时,可用锚杆将它们联接起来,并尽可能地深入到稳定的岩层中去。同样,在打入小导管后,小导管也可以将不稳定的岩块和岩层连接起来。

2)组合原理。锚杆组合作用是依靠锚杆将一定深度的岩层,尤其是成层的岩层组合在一起,形成组合拱或组合梁,阻止岩层的滑动和坍塌。同样,在打入小导管后,小导管也将打入深度的岩层,特别是将成层的岩层组合在一起,组成组合拱或组合梁,阻止岩层的滑动或坍塌。小导管提供的抗剪力、抗拉力,以及小导管产生的锚固力,增加了岩层层面摩擦力,稳定了将要滑动的岩块,阻止了层面的相互错动,提高了岩层的"岩石梁"或"岩石拱"的整体抗剪、抗弯能力。

3)整体加固原理。通过布置有规律的小导管,将隧道四周一定深度的围岩进行挤压、黏结加固,形成一个承载环。在小导管预应力的作用下(当围岩松弛时,小导管产生拉力),每根小导管周围的岩体形成一个两头带圆锥的筒状压缩区,并且压缩区彼此连接,形成具有一定厚度的均匀压缩带。由于小导管支持力的作用,压缩带获得径向支持力,压缩带中的岩体处于三向受压状态,使岩体强度大大提高,这样就形成一个能承受一定荷载的稳定岩体,即承载环。

(2)小导管的浆液通道作用。小导管注浆技术在施工的过程中,注入围岩的浆液是通过小导管上的注浆孔均匀地压入到围岩中,故在小导管注浆技术中小导管起到了浆液通道的作用。在地下工程小导管注浆中,一般将小导管上钻孔加工成花管,小导管采用普通钢管。在压力作用下浆液通过小导管,注入围岩以达到加固围岩的目的。

(3)小导管的棚架作用。小导管的棚架作用主要表现在小导管施作完成以后,进行洞室的开挖时,小导管以靠近掌子面的钢支撑和前方为开挖的部分岩土体为支点,在纵向支撑起中间部分的岩土体,起纵向梁作用。一般情况下,小导管的长度为3~6m,开挖长度控制在1~1.5m以内,然后支立格栅钢架,钢架间距0.75~1m,在此情况下,小导管的受力长度应为$1+h\times ctg\varphi$中,则根据公式,小导管可以提供$q=8(\sigma)w/l^2$的支撑力。

超前小导管注浆方法的效果与小导管的直径、导管的长度、外插角、小导管间距、浆液的选取、注浆压力的确定、浆液注入量等有关。

3. 超前帷幕注浆设计

岩溶隧道内全断面超前帷幕注浆主要使用在溶腔内地下水较丰富且地质条件较差的地段,需要利用注浆手段将隧道前方一定范围的土体进行全面加固,在开挖区域周边形成隔水帷幕(图7-18),以防止地下水的渗流给隧道施工带来较大风险。超前帷幕注浆一般应用在地下水较丰富(如含水砂层),且地下水渗流可能给土体稳定造成较大影响(涌水涌泥)的地段,或尽管地下水量较少,但是地下水变化产生的地层变形可能影响周边重要建筑物或构筑物安全的地段。

全断面帷幕注浆的主要目的是防止地下水渗流,同时提高地层的稳定性。根据地质条件及最终目的的差异可以选择不同的注浆材料。

(1)堵水注浆一般使用在地下水丰富,需要控制地下水渗流的地段,可以选用水泥—水玻璃类、丙凝及聚氨酯等材料。水泥-水玻璃材料便宜,且来源广,使用最多;丙凝浆液调节胶凝时间方便、黏度小,适用于爆破振动而产生的细微裂缝;聚氨酯凝结快,适用于大

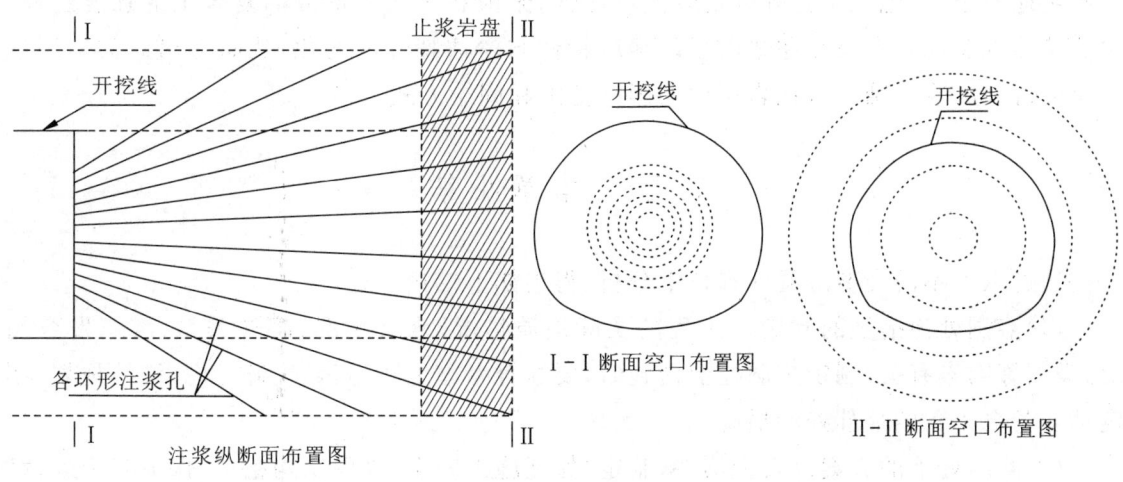

图 7-18 帷幕注浆

规模涌水地段。

(2)回填注浆一般使用在地下水不丰富,地层渗透特性良好的地段。可以采用水泥浆液,当空隙较大时也可以采用水泥砂浆。

(3)固结注浆一般使用在地层比较破碎,地下水较发育的地段,一般采用水泥浆液或水泥-水玻璃类浆液。

全断面帷幕注浆一般为劈裂注浆而非渗透注浆,注浆压力不易过高,达到设计注浆量即可停止注浆,避免过多的扰动地层。初始注浆压力建议采用1.2~1.5倍静水压力,一般最高注浆压力采用2~6.5倍静水压力,注浆时间根据浆量的注入速率进行灵活调整。注浆采取反复注入、稀浆与浓浆交替、压力控制与注入浆量控制相结合的措施,注浆压力从低到高逐渐加压。注浆孔从外向内分层施作,一方面可保证注浆质量,同时也可检查注浆效果。每环注浆孔先施工奇数编号注浆孔,然后施工偶数编号注浆孔同时作为检查孔。

帷幕注浆参数的选择:

(1)注浆导管:在拱部开挖轮廓线外对地层进行预加固的注浆范围采用普通钢管,管端呈30°锥体。

(2)注浆段长严格按设计施工,每一循环最后均应保留达到设计厚度的注浆固体作为止浆岩墙。

(3)注浆终孔间距:注浆孔的布设,根据注浆扩散半径确定,须满足注浆范围的要求。

(4)注浆管布设:当地质条件较好时可用孔口管注浆,当地质条件较差时注浆管全面布设。

(5)浆液扩散半径:与地层渗透系数、注浆材料及注浆压力相关,应根据试验确定。

(6)注浆顺序为先上后下,先外后内,后退式分段注浆(抽管时分段设止浆塞)。

全断面帷幕注浆在施工前必须对设计施工参数进行注浆试验。注浆试验的重点是针对现场地质条件、施工工艺等确定浆液可注性、浆液在土层中形成的复合土的强度特性、渗透特性以及地层自身在注浆前后的强度特性与渗透特性的变化,从而得出此类地层注浆可能得到的浆液结石体在岩层中的固结范围和固结方式。

7.10 本章小结

通过以上不同类型溶洞处置技术分析,得出如下结论:

(1)溶洞处治措施的制定与工程的实际地质情况、水文情况、溶隧关系、溶洞发育情况、类型等因素有关,制定溶洞处治措施时,要综合考虑上述因素,统筹考虑,统筹规划,制定适合各自工程的最佳处治措施。

(2)溶洞处治的方案以安全第一,制定"保证施工安全、确保结构稳定、保障安全运营"的原则。

(3)溶洞处治的方案制定必须结合水文地质等环境因素,保证环境生态的正常延续。

参 考 文 献

陈崇希.岩溶管道-裂隙-孔隙三重空隙介质地下水流模型及模拟方程[J].地球科学:中国地质大学学报,1995(4):361-366.

杜毓超,李兆林,韩行瑞,等.沪蓉高速公路乌池坝隧道区岩溶发育特征及其涌水分析[J].中国岩溶,2008,27(1):11-18.

郭纯青,方荣杰,于映华.中国南方岩溶区岩溶地下河系统复杂水流运动特征[J].中国岩溶,2010,30(4):507-512.

郭纯青.中国岩溶生态水文学[M].北京:地质出版社,2007

何发亮,李苍松,陈成宗.岩溶地区长大隧道涌水灾害预测预报技术[J].水文地质工程质,2001(5):34-39.

刘招伟.圆梁山隧道岩溶突水机理及其防治对策[D].北京:中国地质大学,2004.

钱学溥.中国蓄水构造类型[M].北京:科学出版社,1990:120-230.

王建秀,冯波,张兴胜,等.岩溶隧道围岩水力破坏机制研究[J].岩石力学与工程学报,2010,29:1363-1370.

王建秀,杨立中,何静.大型地下工程岩溶涌(突)水模式水文地质分析及其工程应用[J].水文地质工程地质,2001(4):49-52.

王鹰,陈强,魏有仪,等.岩溶发育区深埋隧道水岩相互作用机理[J].中国铁道科学,2004,25(4):55-58.

杨红,邓英尔,于静,等.五指山隧道岩溶发育及涌水特征研究[J].水土保持研究,2009,16(2):138-141.

资谊,马士伟.岩溶隧道突水灾害发生机理与工程防治[J].铁道工程学报,2011(2):84-89.

Jourde H, Roesch A, Guinot V, et al. Dynamics and contribution of karst groundwater to surface flow during Mediterranean flood [J]. Environmental Geology, 2007, 51:725-730.

Koji M. Effects of water on rock strength in a brittle regime[J]. Journal of Structural Geology, 2001, 23:1653-1657.

Li J. Control of coalmine karst aquifers[M]. Beijing:Coal Industry Publication Press, 1990

Quinlan J F, Ewers R O. Ground water flow in limestone terranes: strategy rationale and procedure for reliable, efficient monitoring of ground water quality in karst areas[C]// Proceedings of the National Symposium and Exposition on Aquifer Restoration and Ground Water Monitoring (5th, Columbus, Ohio). Worthington, Ohio: National Water Well Association, 1985:197-

234.

Shuster E T, White W B. Seasonal fluctuation in the chemistry of limestone springs: a possible means for characterizing carbonate aquifers[J]. Journal of Hydrology,1971,14:93-128.

Wang T T,Wang W L,Lin M L. Harnessing the catastrophic inrush of water into new Yungchuen Tunnel in Taiwan[J]. Tunnelling and Underground Space Technology,2004,19:418.

Toran L, Herman E K, White W B. Comparison of flow paths to a well and spring in a karst aquifer [J]. Ground Water,2007,45(3):281-287.

Zhang J C. Investigations of water inrushes from aquifers under coal seans[J]. International Journal of Rock Mechanics & Mining Sciences,2005,42:350-360.